KB161541

쓸모없는 세월은 없다

세월이

지나면

비로소

알 수 있는 것들

쓸모없는 세월은 없다

이영만 지음

| 서문 |

언론 40년. 짧지 않은 세월인데 뭘 했나 싶다.

수년 전 담 위에 앉았다가 떨어졌다. 기우뚱하는가 싶었는데 어느새 떨어지고 있었다. 2미터 남짓한 높이에 1초도 안 되는 시간. 그런데 거짓말처럼 오만가지 일이 휙 지나갔다.

1978년 3월 수습기자로 입사해서 미친 듯이 일하다가 80년 전두환신군부에 의해 해직되고 86년 복직해서 아시안게임, 올림픽을 경험하고 근 10년 동안 매일 밤 12시까지 프로야구장을 맴돌다 부장, 부국장을 거쳐 출판국장, 사업국장, 광고국장, 편집국장을 한 후 사장까지 했는데…….

해직 6년 동안에는 봄볕이 좋아 회사 가다가 옆길로 새고 가을빛이 처량해 기차를 타면서 보험회사, 제약회사, 유통회사 등을 전전하다 주간전문지 두 곳을 옮겨 다니며 기자를 하고 마지못해 선거판에도 얹히고 이것저것 베껴 쓰는 엉터리 무협소설을 쓰기도 하고…. 그 사이에 결혼해서 딸, 아들 낳고 시시껄렁한 일로 싸움도 하고 소소한 즐거움으로 살맛을 느끼기도 했고, 친구들과 동료들과 수많은 지인들과 고민하고 다투고 일 저지르고…….

긴 세월 이 많은 일들이 어떻게 그야말로 눈 깜짝할 사이에 떠올랐다가 사라질 수 있는지…, 문틈으로 달리는 천리마를 보는 그 시간이 인생이라더니 짜장 틀린 말이 아니었다.

다행히 왼쪽 발만 부러져 그 순간 걱정했던 일은 벌어지지 않았다. 마지막 순간엔 1초도 안 되는 60년. 허망하지만 그래서 지금의 1초가 중요하다. 그건 지나온 모든 세월과 맞먹는 시간이다. 사실 특별한 인생은 별로 없다. 대부분의 삶은 비슷비슷하다. 토정비결에 바탕을 둔 오늘의 운세는 절대 맞을 리 없다. 같은 해에 태어난 사람을 한 통에 몰아놓고 점치는 것 아닌가. 그런데도 더러 맞다고 생각하는 건 우리네 삶 자체가 그만큼 크게 다르지 않아서이다. 그래도 뭘 했나?

지금 살아있는 게 가장 큰일이고 가장 잘한 일. 누군가가 한 말 같기도 하고 아닌 것 같기도 한데 어쨌든 그렇다면 뭘 했는지는 그다지 중요하지 않겠다 싶다. 아무것도 한 것이 없다고 해서 정말로 아무것도 하지 않은 것은 아니지 않은가 하는 생각이 문득 든다.

2018년 봄, 이영만

| 목차 |

3

야구로 배우는 인생

#1

세월은 그래저래 약인 겁니다

ㅇ

세월은 그래저래 약인 겁니다

특별히 새로울 것도 없습니다. 그다지 눈여겨볼 것도 없습니다. 고작 20평 남짓이고 25년여 동안 쭉 봐온 집 마당이니까요. 하지만 늘 새롭습니다. 볼수록 볼 것이 많고 가르쳐주는 것도 참 많습니다.

89년 여름 처음 이사했을 때 마당은 좀 썰렁했습니다. 우물 하나, 단풍나무 한 그루, 앵두나무 한 그루, 사계절장미 몇 송이, 그리고 시골집 헛간 비슷한 창고 정도가 전부였습니다. 그래도 마당이 있다는 게 좋았고 꾸밀 수 있는 공간이 있어 즐거웠습니다.

봄이 오길 애타게 기다렸습니다. 성남 모란시장, 구파발

꽃시장, 종로 꽃시장을 돌아다니며 사기도 하고 지인들로부터 얻어다 심기도 했습니다. 그런데 참 이상하죠. 가을이 되도 단풍나무에는 단풍이 들지 않았고 봄이 왔음에도 우물가의 앵두나무는 꽃을 피우지 않았습니다. 청단풍이라서 그렇다고 말하는 사람도 있었지만 한 2년을 지켜보다 단풍나무를 동편 담 쪽으로 옮겨 심었습니다. 키가 2미터는 족히 되지만 이웃집 담 밑이라 아무래도 햇빛이 부족해 보였습니다.

늦여름부터 조금씩 다른 기운이 돈다 싶었더니 시월 말이 되자 붉은 물감을 뿌려놓은 것처럼 화려하게 변신했습니다. 아침 햇살을 온몸 가득 맞으며 찬란하게 빛나는 '단풍이 들지 않던 단풍나무'. 옮겨보지 않고, 기다려보지 않고 베어버렸다면 얼마나 어리석은 짓이었을까요. '앵두나무 우물가에 동네처녀 바람났네'로 시작해 '이쁜이도 금순이도 단봇짐을 쌌다네'로 끝나는 옛날 대중가요 때문에 '우물가 앵두'도 서러운 신세가 될 뻔 했습니다.

꽃이 피지 않는 지저분한 나무였지만 혹시나 하는 마음으로 3년여를 지켜봤지만 그저 잎만 무성하게 매달고 있을 뿐이었습니다. 노래대로라면 분명 우물가가 맞는데 탐문해 보니 물을 그렇게 좋아하지 않는다는 것이었습니다.

노래 속의 앵두는 우물가에 있긴 했지만 그 우물이 양지 바른 곳이어서 생육에 전혀 문제가 없었던 걸 놓친 겁니다. 뿌리가 워낙 깊어 옮기다가 죽으면 어쩌지 하는 걱정이 있었지만 꽃을 피우지 않고 열매를 맺지 못하면 살아도 그저 고목이니 죽어도 할 수 없다는 심정으로 삶터를 옮겼습니다. 습기는 덜하지만 한나절 햇볕은 충분히 받아들일 수 있는 동편 담벼락 끝이었습니다. 이듬해 앵두나무는 '그게 왜 내 잘못이냐고 따지기라도 하듯' 하얀 꽃을 마구 뿜어냈습니다. 수천의 그 작은 꽃잎들이 살랑거리는 봄바람 장단에 맞춰 너울거리는 모습은 보지 않고선 감히 아름다움을 논할 수 없습니다. 꽃이 나간 곳에 톡 솟아오르는 작아서 더욱 붉은 열매. 감탄 속에 튀어나오는 아, 앵두입니다.

세월은 그래저래 약인 겁니다.

이사한 이듬해 봄에 감나무와 대추나무를 심었습니다. 감나무는 10년생이었고 대추나무는 겨우 몸을 지탱할 정도의 작은 것이었습니다. 손가락 굵기의 대추나무가 언제 자라 열매를 맺겠습니까마는 지금은 치매로 고생하시는 장모님이 진짜 시골 대추나무라며 달랑달랑 들고 오셨기에 마지못해 심었습니다.

감나무는 그해 가을부터 단감을 달았습니다. 50여 개 남짓이었지만 흐뭇했습니다. 그 이듬해에는 100여 개를 달더니 4~5년이 지나자 400~500개를 주렁주렁 매달았습니다. 어느 날인가부터 이웃들은 우리 집을 감나무 집으로 부르고 있었습니다.

그런데 어느 해 갑자기 감나무가 침묵에 잠겼습니다. 분명 죽지도 않았고 꽃도 그럭저럭 피운 것 같았는데 감을 거의 매달지 않았습니다. 수년간 그런 일이 없었기에 많이 당황했습니다. 양분이 부족했던 건 아닌지, 몹쓸 병에 걸린 건 아닌지, 가지치기를 제대로 하지 않아 그런 건 아닌지, 감나무는 사람 소리를 듣고 감을 매달고 맛을 낸다는데 너무 무심했던 것은 아닌지. 사실 즐기기만 했지 잘해 준 기억이 없었습니다.

그냥 해거름이었습니다. 이듬해 감나무는 다시 탐스런 열매를 맺어 가을의 정취를 더했습니다. 이젠 그래서 감이 열리지 않아도 대수롭지 않게 넘어갑니다. 이 친구는 그래도 비교적 성격이 괜찮은 편입니다. 해거름을 해도 심하진 않고 5~6년 정도에 한 번씩만 완전히 쉽니다. 40년생의 아름드리로 한여름엔 꽤나 널찍한 그늘까지 만들어 줍니다.

세월은 경험입니다. 겪어보지 않았다면 편안하게 믿고 기다릴 수는 없었을 겁니다.

대추나무는 애써 잊어버리고 살았습니다. 잘 자랄지도 의심스러웠지만 죽는다 한들 안타까울 것도 없었습니다. 차라리 죽었으면 좋겠다는 생각도 했습니다. 그러면 굵고 튼실한 놈을 새로 사다 심을 수도 있는 것이니까요. 만 원이면 1년을 살 수 있는데….

볼 때마다 눈총을 쏴대도 대추나무는 아랑곳하지 않았습니다. 두고 보라는 듯 몸집을 차근차근 불려 나갔습니다. 뜨거운 여름에도, 추운 겨울에도 쉬는 법이 없는 것 같았습니다. 그러지 않고서야 돌아보면 커있고 다시 보면 어느새 또 클 수는 없었겠죠.

5년이 흘렀습니다. 제법 나무가 되었습니다. 그리고 또 몇 년, 거짓말처럼 대추가 달렸습니다.

충청도 어느 시골 초등학교 운동장에 여름이면 아이들의 땀을 식혀주는 큰 느티나무가 있습니다. 아이들은 그저 나무와 벗 삼아 놀지만 느티나무는 아픈 사연을 간직하고 있습니다.

초등학교 3학년 겨울, 한 아이가 사고로 세상을 떠났습니다. 어머니는 먼저 간 아이를 가슴에 묻는 대신 운동장에 작은 느티나무 한 그루를 심었습니다. 아이의 키 크기 정도였죠. 어머니는 아이 생각이 날 때마다 느티나무를 찾았습니다.

느티나무는 어머니의 사랑을 듬뿍 받았습니다. 25년이 흐른 후 아이 키 정도의 느티나무는 아름드리 나무로 자라 많은 아이들의 쉼터가 되고 놀이터가 되었습니다.

대추나무도 어느덧 25년의 세월을 먹었습니다. 키가 훌쩍 커 담 밖을 내다보고 몸통도 양 손바닥으로 다 감쌀 수 없을 정도입니다. 해마다 대추를 줄줄이 매답니다. 이젠 미친 개 병에라도 걸려 갑자기 죽을까봐 걱정 어린 마음으로 늘 지켜봅니다.

세월은 힘이고 자양분입니다.

같은 해 목련과 자두나무를 심었습니다. 목련은 동쪽, 자두나무는 서쪽 장독대 가운데. 작은 집이라 동쪽, 서쪽을 가릴 게 없지만 굳이 따지자면 그렇다는 겁니다. 품종을 잘못 고른 탓인지 둘 다 꽃을 내밀지 않았습니다. 이번에도 세월의 힘을 믿기로 했습니다. 3년여가 훌쩍 지났는데도 마찬가지였습니다. 뽑아버릴까 하다가 목련은 잎 모양새만으로도 제법 풍치가 있어 내버려 두었고 자두는 키가 제법 커 그늘을 만들기에 놔뒀습니다.

5년쯤 지난 어느 봄날 목련이 마침내 기지개를 켜기 시작했습니다. 기다리지도 않았는데 열댓송이나 피워 올렸습니다. 덩치에 비해 꽃이 적은 걸 부끄럽게 여겼음인지 일단 핀 꽃은 모란보다 더 컸습니다. 다시 5년이 지난 지금이 백목련은 수백 송이를 답니다. 꽃의 크기도 다른 집 목련과는 비교가 되지 않습니다. 목련이 만개할 즈음 주변은 온통 하얗습니다. 대기만성(大器晩成)이라는 것도 있는 겁니다.

자두는 여전합니다. 세월과는 무관한 이유가 있었습니다. 수분수인지 뭔지를 같이 심어줘야 한다는데 자리가 없어 한 그루만 심었기 때문이었습니다. 두 그루를 함께 심었더라면 이미 꽃피고 열매를 맺었을 텐데 무지의 소치로 자두만 불쌍하게 된 거죠. 관심을 쏟을 시간이 충분했음에도 노력하지 않은 탓인거죠.

세월은 쓰는 사람의 몫입니다.

아무리 많은 시간이 있어도 쓸 줄 모르면 아무런 소용이 없습니다. 세상에 공짜는 절대 없습니다. 국화는 주인을 잘못 만나 애꿎게 된서리를 맞았습니다.

마당 한켠에 이른 봄부터 짙푸른 잎을 달고 있는 풀이 있었습니다. 심은 기억은 없지만 흔한 잡풀 같지는 않아 내버려두었습니다. 그런데 이 녀석은 여름이 다가고 가을이 와도 꿈쩍하지 않았습니다. 꽃도 못 피우면서 자리만 차지하고 있으니 왠지 더 지저분해 보여 10월 초쯤에 잘라 버렸습니다.

이듬해 그 자리에 또 녀석이 고개를 내밀었습니다. 일찌감치 없앨까 하다가 하는 짓이 범상치 않아 못 본 척했습니다. 지켜보는 것이 그리 힘든 것은 아니니까요.

비슷한 시기에 줄기를 뻗친 모든 풀과 나무들이 꽃에 이어 열매까지 매달고 떨어뜨린 후에도 녀석은 변함없이 그 모양이었습니다. 아닌 것 같다는 생각이 지배적이었던 10월 중순쯤 녀석이 조그만 알갱이들을 내뿜었습니다. 그때서야 비로소 떠오른 싯귀.

한 송이의 국화꽃을 피우기 위해
봄부터 소쩍새는 그렇게 울었고
천둥은 먹구름 속에서 또 그렇게 울었나보다

참 오랜 시간 뜸을 들이는 들국이었습니다. 봄이 오는 길목에서 솟아나 겨울 첫 자락에 겨우 꽃이 모습을 드러냅니다. 홀로 만개해서 자태는 더더욱 아름답습니다. 3월 어느 날 일찌감치 솟아 푸르더니 찬 서리 내리고 가을바람 스산한 텅 빈 뜰에 느지막히 피었습니다. 그리움인 양 아쉬움인 양.

세월은 그렇게 기다림이기도 합니다. 허투루 가는 법이 없는 것 같습니다. 쉬고 있는 것 같아도 늘 다음 세월을 준비합니다. 보통은 세월부대인(歲月不待人)이 맞겠죠. 세월은 사람을 기다리지 않으니 시간을 소중하게 아껴 쓰는 게 맞겠죠. 하지만 더러는 때가 오기를 기약 없이 기다려야 할 때도 있는 듯합니다.

느린 세월도 의외로 꽤 있습니다.

기약이 없다는 것은 자신의 입장에서 그렇다는 것이지

오는 세월은 반드시 옵니다.

8~9월의 그 험한 태풍을 몇 차례나 맞고도 국화는 끄떡없었습니다. 모양새가 좀 흐트러진 게 안쓰럽고 흐느끼면서도 잘 견딘 녀석이 대견해 뒤늦게 받침대를 세우고 단단하게 묶어 주었습니다. 하지만 며칠 후 보니 꽃대 절반부가 꺾여져 있었습니다. 그다지 큰 바람도 없었는데 말입니다. 흔들리는 것은 흔들리게 해야 버틸 수 있는 법인데 흔들리지 못하게 막아버려서 일이 터진 것이었습니다.

흔들려야 할 세월에는 흔들려야 합니다.

'흔들리지 않고 피는 꽃 없고 젖지 않고 가는 삶 없다'고 했건만 흔들리면서 6개월을 잘 보낸 후 2개월을 남기고 절명한 국화에게 지금도 미안합니다. 그런 시간들이 모여 우리 집 마당은 늘 환합니다.

세월은 그냥 흘러가버리지 않습니다. 어딘가에 차곡차곡 쌓입니다. 쓸모없는 세월은 없습니다.

공자가 논했듯 세월이 쌓여 40에는 혹하지 않고(불혹, 不

惑), 50에 하늘의 뜻을 알고(지천명, 知天命), 60에 순리대로 살게 되고(이순, 耳順), 70에는 하고 싶은 대로 다 해도(종심, 從心)되는 겁니다. 중국 춘추시대 제나라 재상 관중은 전쟁통에 길을 잃었을 때 늙은 말을 풀어 길을 찾았습니다(노마지지, 老馬之智). 젊은 말은 빠르지만 늙은 말은 지름길을 압니다.

머물지 않는 세월, 세월은 지혜입니다.

ㅇ

낭패를 보지 않는 법

'낭(狼)'은 이리입니다. '패(狽)'도 이리입니다.

낭은 앞다리가 길고 용맹하지만 뒷다리가 너무 짧습니다. 사냥은 언감생심입니다. 그저 힘만 좋을 뿐입니다. 패는 뒷다리가 길고 지모가 뛰어나지만 앞다리가 거의 없습니다. 덫은 놓을 수 있지만 뛰는 놈은 잡을 수 없습니다. 머리만 좋을 뿐입니다.

낭과 패는 그래서 혼자라면 굶어 죽기 딱 알맞습니다. 서로 잘난 척하며 등을 돌리면 낭패를 겪습니다. 반면에 낭의 힘과 긴 앞다리, 패의 머리와 긴 뒷다리를 잘 조합하면 숲 속의 강자가 됩니다. 낭이 자기 몸의 절반을 내놓고 패가 낭의 등을 껴안으면 낭패는 멀리 빨리 달릴 수 있게 됩니다.

낭과 패의 갈등은 그렇게 참 쉽게 해결됩니다. 옆에서 지켜보면 누구라도 금방 짜낼 수 있는 지혜입니다. 각자 떠들고 서로 핍박하면서 세월을 마냥 보내면 길바닥에서 헤맬 수밖에 없습니다. 우리끼리만이라면 다소 시간이 걸려도 그만이지만 세계가 한 덩어리로 돌아가고 아직 많이 모자라지만 그래도 선두 그룹에 끼어 있는 지금의 세상이라면 사뭇 다릅니다.

갈등의 역사는 깁니다. 인류의 역사이며, 발전의 역사이기도 합니다. 건강한 사회는 다양한 목소리를 지니고 있습니다. 다른 생각이 숨어 있는 문제들을 끄집어냈고 서로 다른 생각과 다투고 부딪치면서 새로운 세상으로 향했습니다. 농업혁명, 산업혁명, 정보혁명 그리고 현재진행형인 창조혁명, 소셜혁명, 스마트혁명도 심한 사회 갈등과 정치 갈등 속에 이뤄졌습니다.

갈등 없이 이뤄진 새로운 세상은 없습니다. 갈등은 도전과 변화의 시작이고, 희망의 징검다리이기 때문입니다. 갈등을 억압하고 기득권층의 목소리만 키우며 자만에 빠졌던 제국들은 하나같이 다 망했습니다. 겉과 달리 속은 곪

았기 때문입니다. 긴 시간 세계 전자업계의 신(神)이라 불렸던 일본의 소니나 핀란드의 노키아도 숨어 있는 갈등을 방관한 채 평온한 성공에 머물러 있다가 몰락의 길을 걷고 있습니다.

갈등은 힘입니다. 피하면 변화도 없습니다. 관리의 대상일 뿐이지, 없앨 대상은 아니며 두려움의 대상도 아닙니다. 느리더라도 대화를 통해 완충지대를 만들어야 합니다. 막무가내식으로 단숨에 이기려고 들면 쌓이고 또 쌓인 갈등이 조직을, 사회를, 나라를 무너뜨리고 맙니다.

오늘 우리의 대한민국이 그렇습니다. '목소리 큰 놈이 이긴다'는 말 때문인가요. 다들 목소리 키우기에 여념이 없습니다. 길바닥이고, 행정관서고, 의사당이고 가리지 않습니다. 정치도, 업계도, 단체도 온통 난리입니다. 시끄러운 소음 탓에 어떤 말도 들을 수 없습니다. 이렇게까지 생각의 골이 깊었던 적이 언제 있었던가 싶습니다.

갈등은 늘 있었습니다. 갈등의 끝도 늘 있었습니다. 옛날엔(옛날이라고 해봤자 10년, 20년, 30년 전이지만) 더러 피할 곳이 있었고 낯붉히고 싸우다가도 돌아서면 등 두드리며 손을 잡았습니다. 야당은 반대하는 것이 당연하고, 여당은 어떻게든 끌어안는 것이 당연했습니다. 조금씩은 양보하고 포용해야 산다는 것을 알았기에 같은 직종끼리라면 한 바탕 붙었다가도 다른 자리에선 웃었습니다.

조급하게 이루려다 여유와 낭만, 사색과 '천천히'를 잃어버린 탓일까요. 중도는 어느새 박쥐가 되고 경청이나 배려는 우유부단 아니면 회색이 돼버렸습니다. 콩으로 메주를 쑤는 것은 누가 말해도 맞는 말입니다. 그런데도 아니라고 합니다. '네 편 아니면 내 편'밖에 없기 때문입니다. 찍어누르거나 목숨 걸고 쟁취하려다 보니 싸움터가 처절하지 않을 수 없습니다.

혼자 가면 빨리 가지만 함께 가야 오래간다고 합니다. 낭과 패는 혼자 가면 빨리 가지도 못하고 초저녁에 죽고 맙니다. 함께 가야 낭패를 보지 않고 강하게 살 수 있습니다. 내가 낭이면 상대는 패고, 내가 패면 상대는 낭입니다.

새날입니다. 온전히 새로 생긴 새날은 아닙니다. 어제의 역사가 있어 오늘이 새롭습니다. 어제는 흐르지만 지나가고 나면 없어지는 것이 아닙니다. 우리 곁에 켜켜이 쌓여 있습니다.

다 짊어지면 고행입니다. 내려놓으면 의외로 편안합니다. 놓아야 서로 등진 갈등의 밤을 보낼 수 있습니다. 새해 새 빛에 부끄럽지 않게.

ㅇ

죽음을 어떻게 대할 것인가

뎅그렁, 뎅그렁.

할아버지의 종소리는 달랐다. 이리 보고 저리 봐도 같은 종이건만 시끄러운 내 종소리와는 비교가 되지 않았다. 맑고 깨끗했다. 종소리보다 더 신나는 것은 펄럭이는 깃발. 길게 늘어선 수십여 개의 울긋불긋 만장은 대운동회 만국기보다 더 멋있었다.

쫄래쫄래 뒤쫓다가 옆구리도 찔리고 눈총을 받았지만 우리는 그때 이미 알고 있었다. 이런 날 어른들은 크게 소리 내어 꾸짖지도 못하고 부엌 빗자루도 들지 못하다는 것을. 소리는 또 얼마나 창창했던지. 앞서거니 뒤서거니 물고 물리는 소리. 공포할아버지의 목소리는 탁하면서도 깨끗했다.

> 명사십리 해당화야 꽃잎 진다 서러 마라.
> 너는 가도 명년 봄이면 다시 피건마는
> 우리 인생은 한 번 가면 돌아오지 않는구나.

뒤를 잇는 상두꾼들의 합창. 에헤에, 에헤에, 어허야 디야 어야. 동구 밖을 벗어나 산기슭으로 접어들면 할아버지의 가락은 구성지다 못해 숨이 넘어간다. 망자를 보내는 일가친척의 곡소리가 줄지어 늘어선다. 행여 가는 길 놓칠세라 서럽게 서럽게 메아리친다.

> 이 사람아 어리 그리 쉽게 가는가.
> 문지방 너머 북망산이라더니 그리 갈 걸 정은 어이 남겼는가.
> 저 어린 것 눈에 밟히지도 않던가.
> 내년 봄 꽃놀이 하자더니 먼저 가면 우린 어쩌나.
> 하늘나라 좋다지만 언제 가도 갈 것을 어찌 그리 서둘렀는가.

요령소리, 상여꾼들의 뒷소리, 목놓아 터뜨리는 에구, 에구. 이번엔 망자가 말한다. 공포할아버지는 천연덕스럽게 가는 이의 넋두리를 풀어 놓았다.

간다, 간다, 나는 간다.
사랑하는 아들 딸, 펑퍼짐한 마누라 엉덩이 두고 내 어이 가고 싶겠느냐마는 다시 못 돌아올 길로 나는 간다.
비바람 몰아치지 않고 슬픔 없는 곳, 꽃잎 지거든 나일랑 잊거라.
버스 타고 갈까, 구름 타고 갈까.

어린 것이 무엇을 알까마는 가슴을 아리게 했다. 더러 까닭 모를 눈물이 흘러 내렸지만 잠시, 생전 보지 못했던 꽃상여를 보면 입이 딱 벌어진다. 나도 나중엔 저런 꽃가마를 타 봐야지.

상여는 늘 무서움의 대상이었다. 귀신이 살고 있다는 마을 밖 상여집. 죽어라 피해 다녔지만 어쩌다 혼자서 그 앞을 지나면 등골이 오싹했다. 특히 비오는 날, 서둘러 가자고 생각 없이 들어섰을 때 거의 죽음이었다. 누군가 부르는 것 같기도 하고 뭔가가 뒷덜미를 잡는 것 같기도 했다. 웬만하면 10여 분을 더 걸어도 빙 돌아다녔다. 가끔 아이들끼리 밤늦게 모여 담력 놀이를 하다가 기절하기도 했다. 하지만 꽃으로 뒤덮인 상여는 휘황찬란했다. 귀신이 들어설 자리가 없었다.

나중엔 꽃집에서 종이꽃을 만들었지만 1960년대만 해도 솜씨 좋은 마을 아낙네들이 둘러앉아 만들었다. 색색의 종이를 몇 번 접었다 폈다 하면 화려하게 피어나는 꽃. 대부분의 보통 사람들은 마지막 가는 길에 처음으로 해 보는 호사였다.

그래서 죽기 전 할머니의 소원도 꽃상여 타고 저승 나들이 하는 것이었다. 띄엄띄엄 몇 송이 매달고 마는 게 아니었다. 시집 올 때 꽃가마를 타지 못했던 할머니는 겹꽃을 촘촘하게 박아달라고 했다. 할머니는 용케 가는 날을 알았다. 가기 전날엔 하루 종일 꽃상여 타령을 하셨다.

잘났건 못났건 이승에 대한 미련을 두고 떠나는 길. 그러나 아이들에겐 더없는 잔치였다. 볼거리, 먹을거리, 놀거리가 모두 넉넉했다. 죽음이 뭔지 모를 때인 데다 모두 바쁜 터라 간섭하는 어른도 없었다. 뜻하지 않게 맞이한 해방의 시간이었으니 기쁨 또한 두 배였다. 삶은 돼지고기

입에 쑤셔 넣고 떡 한 조각 디밀고 김치 한 움큼 집어넣으면 그런 행복이 없었다.

품앗이 나간 엄마도 행여 사람들이 볼세라 야단치는 척하면서도 꽃무늬 과자를 허리춤에서 꺼내 찔러 주었다. 수철이 엄마, 복남이 엄마, 분이 엄마 역시 하나도 다르지 않았다.

원래 '상갓집 잔치'는 그렇게 넉넉하게 음식을 차려 인근 10리에 사는 거지까지도 배불리 먹여야 하는 법이었다. 망자를 욕먹이지 않으려는 배려였다. 넉넉하게 챙긴 동네 사람들은 '정말 아까운 사람인데 너무 일찍 갔다'든가 '살아서 좋은 일을 많이 했으니 틀림없이 좋은 데 갈 것'이라며 앞다퉈 덕담을 늘어놓았다.

태어나서 한 번은 호강하는 '하늘 가는 길'이었다. 하지만 산 자도 보살필 겨를 없는 요즘은 죽음의 의식도 지극히 명료하고 간단한 행사가 되었다. 상여꾼 소리를 대신하는 녹음기, 돈 받고 일하는 얼굴도, 이름도 모르는 장례 사업자들, 트럭 뒷 칸에 실려 가는 무덤행, 죽음은 정말 죽음처럼 삭막하기만 하다. 하긴 소리 할 사람도, 상여를 맬 젊은이들도, 종이꽃 만들 아낙도 없으니 만장을 거느린 꽃상여는 다시 볼 수 없는 한여름 밤의 꿈일 수밖에 없겠다.

죽음까지도 잔치로 승화시켰던 우리네 꽃상여. 살아생전 일면식 없어도 영혼을 부르는 구성진 가락 때문에 맑은 눈물을 흘렸던 그 시절은 이제 영영 다시 오지 않을지니…….

o

소 등에 앉아 소를 찾다

추적추적 비가 내리고 있었다. 막상 한의원을 개업했지만 초기라 환자가 많지 않았다. 무료함에 창밖을 내다보고 있던 김홍경은 남편의 등에 업힌 채 들어오는 한 부인을 보았다. 허리 병이 오래되어 앉을 수도 없는 중증 디스크 환자였다. 병원에서는 수술을 권했지만 수술은 죽어도 싫다고 했다. 용하다는 곳은 다 찾아 다녔다. 언제나 조금 나아지는 듯하다가 이내 더 심해져 꼼짝도 못하는 신세가 되었다.

난감했다. 일단 부인을 눕힌 후 자세히 관찰했다. 고칠 수 있을 것 같지 않았다. 침은 침인데 어디를 어떻게 놓아야 할지 막막했다. 고민하던 그의 눈에 문득 책 한 권이 들어왔다. 사암도인 침구요결. 한의대 시절 교수들도 어렵다며 대충 한 번 훑어주기만 했던 책이었다. 서가에 꽂아놓긴 했지만 펼쳐본 적이 거의 없었다. 책을 집어 들고 필요한 부분을 펼쳤다. 전에는 무척 난해했던 것 같았는데 그럭저럭 이해가 되었다. 허리가 아픈데 왜 손끝 발끝에 침을 놓으라는 것일까 하는 의문이 들었지만 요결대로 시침했다.

보통 침보다 큰 놈으로 비비 꼬며 놓자 부인은 참기 어려운 듯 신음을 내뱉었다. 조금씩 시간이 흐르자 부인의 얼굴이 편안해 보였다. 허리를 이리저리 돌려보던 부인은 한결 나아진 것 같다며 자리에서 일어났다. 여전히 불편해 보였지만 부인은 남편의 부축을 받으며 걸어 나갔다. 부인은 고맙다고 수십 번 인사를 했다. 한의원에 앉아있던 다른 환자들이 신기한 듯 업혀서 들어왔다가 서서 걸어 나가는 여인을 쳐다보았다.

한의원은 언제나 사람들로 그득했다. 수년간 고생했던 부인이 보름여 만에 완쾌되는 걸 본 사람들이 입소문을 낸 덕분이었다. 부인과 비슷한 증세의 사람들이 몰려들었다. 김홍경은 이제 확신을 가지고 시침했다. 틈 날 때마다 사암도인 침구요결을 들여다보면서, 연구하면서.

하지만 그 한 번뿐이었다. 병세가 거의 비슷한 다른 환자들을 보살폈지만 그 부인과 같은 효과는 없었다. 분명히 똑같이 시침했는데도 병세가 확연히 호전되지는 않았다. 조금씩 차도가 있었지만 낫게 하지는 못했다. 밀려드는 자괴감. 김홍경은 한의원의 문을 닫았다. 명의라는 소문이 돌아 환자가 줄을 이었지만 분명히 같은데도 다른 그 숙제를 풀지 않고선 양심상 진료를 할 수 없었다. 비록 한 차례지만 기적을 일으킨 사암침법에 대해 본격적인 연구에 들어갔다.

산속에 파묻혀 사암도인의 침구 요결을 한 자 한 자 분석했다. 자신의 몸에 직접 실험했다. 오른쪽으로, 왼쪽으로 침을 돌리며 놓는 것이어서 무척 아팠다. 웬만한 환자는 시침의 고통 때문에라도 다 나았다고 할 정도였다.

숙제는 풀리지 않았다. 지방의 이름 있는 원로 한의사들을 찾아다녔다. 대학에서 좀 배운 것보다는 임상 경험이 많은 그들이 더 환자를 잘 볼 수 있을 것 같다는 생각이 들어서였다. 실제로 경상도에서 만난 한 원로는 학교에서 배운 적도 없고 한의사 자격도 없는 듯한데도 환자들은 기가 막히게 잘 봤다. 그 원로는 같은 병인데도 사람에 따라 한

약재도 다르게 쓰고 처방도 달리 하고 있었다.

허준, 이제마와 함께 조선의 3대 의성으로 꼽히는 사암도인이 스님일지도 모른다는 생각에 절을 찾았다. 명상과 선을 통해 깨닫고자 송광사에 적을 올려 금오라는 법명을 받았지만 6개월여 만에 쫓겨났다. 수덕사의 혜암선사에게 선문답 가르침을 받았다. 유명한 주역가를 선생으로 모시기도 했다.

침구요결을 다 깨우치진 못했지만 병을 대하는 자세는 배웠다. 병을 치료하려면 먼저 마음부터 다스려야 한다는 것, 내 몸은 내가 제일 잘 아니 내가 고쳐야 한다는 것, 마음의 뜨고 가라앉음을 잘 살펴 병을 다스려야 하는 심정부침(審情浮沈)의 원리, 자연치유력의 위대함 등을 머리가 아닌 가슴으로 깨달았다. 그러나 정작 꼭 풀어야 하는 사암침법은 풀지 못했다.

그러던 어느 날 문득 깨닫는 바가 있었다. 첫 번째 부인과 두 번째 환자의 차이점이었다. 부인은 뚱뚱하고 열이 많은 체질이었으나 환자는 그렇지 않았다. 십인십색을 왜 이해하지 못했을까. 사람마다 겉이 다르듯 속도 같지 않음을 놓치고 있었다.

사암도인 침구요결에도 누누이 강조하고 있는 바인데

나무만 들여다보다가 숲을 보지 못한 것이었다. 바로 임상 실험에 들어갔다. 체질이 다르면 침도 달라야 하고 체중에 따라 침을 놓는 부위도 달라야 하는 것이 맞았다.

방랑 10여 년, 소 등에 앉아 소를 찾고 있었다. 사암침법을 재 발굴한 금오 김홍경은 그가 터득한 의술을 전국의 한의대생에게 전파했다. 그의 가르침은 방송을 타고 전국적으로 퍼져나갔다. 그의 미련스러운 세월이 없었다면 치료 효과가 월등한 사암침법은 아마 아직도 책속에 묻혀있었을 것이다.

o

태권도 품새 유감

공산괴뢰도당, 머리에 뿔 달린 빨갱이….

오래전 이 악물며 쓰던 말들이다. 교과서에도 나왔으니 특별히 누굴 탓할 건 못된다. 지금도 완전히 사라지지는 않았지만 사회 부적응자가 아니면 이젠 그런 말들을 쓰지 않는다. 하지만 태권도는 아직도 그 시대에서 벗어나지 못하고 있는 듯하다. 적어도 품새에 관한 한 그렇다.

70년대 초만 해도 군대에서 가르친 태권도 품새에는 우리 민족의 역사와 철학과 스토리가 있었다. 제일 낮은 단계인 천지형에서부터 단군형, 도산형, 원효형, 율곡형, 퇴계형, 화랑형, 충무형, 광개형 등으로 차례로 올라갔다. 여기까지가 기초 단계이며 더 올라가면 의암, 연개, 문무, 서산까지 등장한다.

태권도 품새를 배우면 자연히 우리의 역사를 알게 되었다. 천지형에선 인간의 근본을, 단군형에서 반만년 역사를 가르쳤다. 원효, 율곡, 퇴계형에선 우주와 기운과 정신을 강조했다. 화랑, 충무, 광개형에선 용맹을 지도했다.

우리의 역사와 위인들의 이야기로 가득 찬 태권도를 들고 나갔다면 어떻게 되었을까.

어려웠던 시절 우리네 태권도 사범들은 혈혈단신 지구촌 곳곳으로 퍼져 나가 태권도 뿌리를 내렸다. 그들은 현지인들에게 태권도의 기술을 가르치면서 태권도에 서린 정신과 도, 예의를 특별히 강조했다. 단지 싸움의 기술이 아니라 정신 수양까지 겸했던 무도였기에 늦게 뛰어들었음에도 빠른 시간 내에 광범위하게 퍼져 나갈 수 있었다. 이들에게 배웠다면 아마 검은 띠를 맬 때쯤엔 어디에 붙어 있는지도 몰랐을 대한민국을 다시 한 번 되새기며 존경의 마음을 가졌을 것이다. 태권도가 세계 곳곳에 퍼져 나간 걸 생각하면 아쉽기 그지없다.

지금 우리나라 태권도 품새에는 그 옛날의 천지형 등이 없다. 태극 1장, 2장 등이 있을 뿐이다. 70년대 초까지 분명하게 있었으나 어느 날 바람처럼 사라졌다. 품새의 문제가 아니라 정치적인, 사상적인 이유였다.

천지형을 비롯한 열가지 형은 최홍희 장군 등의 작품이다. 택견의 뿌리에 당수도 등 여러 무술을 접목시켜 대중화에 성공했다. 군기가 바짝 든 훈련병들이 대중화의 첫 대상이었으니 파급력이 대단할 수밖에 없었다. 당시엔 병사들도 상병, 병장으로 진급하기 위해선 반드시 일정 단계까지 마스터해야 했다.

그 품새는 그러나 최홍희의 캐나다행과 동시에 사라졌다. 그가 대한민국을 떠난 이유에 대해선 아직까지도 정확하게 밝혀지지 않았다. 3선 개헌을 반대해 박정희의 미움을 사는 바람에 망명했다는 설이 있고 비리가 들통나 도망갔다는 설이 있지만, 비리 때문에 망명한 후 그 무시무시한 시절에 북한까지 드나들면서 새로운 조직까지 만들면서 등을 돌렸을까 하는 생각에까지 미치면 의심스러운 구석이 많다.

최홍희가 빠진 자리를 급하게 채운 사람은 경호실 출신의 김운용. 나라의 전폭적인 지원을 등에 업은 그는 태권도의 세계화에 성공하고 훗날 태권도를 올림픽 정식 종목의 반열에 올리는 혁혁한 전공을 세웠다. 그러나 괴뢰도당

운운하며 북을 적국으로 여겼던 시절. 반한 친북 인사의 품새를 이어받는 것은 있을 수 없는 일이었다. 옛날의 색채를 지워야 했다. 이름도 바꾸고 품새의 틀도 바꿔야 했다. 모든 것이 일사천리로 진행되었지만 아무래도 급하게 서둘다 보니 내용이나 스토리 면에서 완벽할 수 없었다.

천지형이 최홍희의 작품이 맞지만 전적으로 그 혼자서 한 것은 아니다. 택견이라는 근본이 없었다면 불가능한 일이었다. 주위의 많은 이들이 함께 연구하고 노력하지 않았다면 탄생하지 않았을 수도 있다.

그가 특허를 낸 것도 아니고 북으로 갔다고 해서 터부시 할 일이 아니었다. 당당하게 받아들이고 발전시키면 우리의 자산일 뿐인데 지레 겁먹고 피하면서 금기시하는 바람에 마치 북의 품새처럼 되어 버렸다. 그리고 지금까지도 세계연맹이니 국제연맹이니 하면서 갈라져서 세력 다툼을 벌이고 있다.

태권도는 누가 뭐라고 해도 대한민국의 자산이다. 천지형도 마찬가지다. 현재 세계 태권도를 이끌고 있는 것 역시 우리의 세계태권도연명(WTF)이다. 최홍희가 북으로 가서 뒤늦게 만든 국제태권도연맹(ITF)이 아니다. 세계 200여 개국 이상에서 1억여 명이 태권도를 수련하고 있는 것도 세계연맹의 세계화 노력 속에 올림픽 정식 종목이 되었기 때문이다. 굳이 통합을 한다는 등 번거롭게 일을 도모할 필요도 없다. 원래 우리의 것이었고 이미 대세가 되었으니까 말이다.

2018년 자카르타 아시안게임 조직위원회는 태권도 품새를 정식 종목으로 채택했다. 품새 경연이 겨루기와는 별도로 치러진다. 태권도가 그만큼 커진 덕분이다. 품새의 아시안게임 정식 종목화가 반가우면서도 안타까운 이유이다. 우리의 역사와 정신이 서린 품새였다면 더없이 좋았을 텐데…….

세월의 나이와 정신의 나이

나이에는 세 가지가 있다. 세월의 나이, 육체와 관습의 나이 그리고 정신의 나이다.

처음 웃는 어린 아이를 가르키는 해제(孩堤, 2세)나 한자를 파자(破字)하여 자획을 풀어 나눈 파과(破瓜, 여자16세), 상수(桑壽, 48세), 희수(喜壽, 77세)와 뜻을 풀이한 망팔(望八, 80을 바라보는 71세), 망구(望九, 90을 바라보는 81세로 할망구의 어원)는 세월이 가면 절로 먹는 나이. '인생 열 살은 유(幼)니 배우기를 시작하고 스무 살은 약(弱)이니 관례를 올리고 마흔 살은 강(强)이니 벼슬을 한다'는 것은 육체의 관습의 나이.

공자가 말한 '열다섯에 학문에 뜻을 두고(志學), 서른에 이루고(立), 마흔에 생각이 헛갈리지 않고(不惑), 쉰에 천명을 알고(知天命), 예순에 순리를 깨달았다(耳順)는 정신의 나이.

'10세에는 과자, 20세에는 연인, 30세에는 쾌락, 40세에는 야심, 50세에는 탐욕에 움직인다. 인간은 어느 때가 되어야 지혜를 좇게 될까'는 루소의 말도 정신세계를 강조한 나이론이다.

세월의 나이와 정신의 나이는 일치하지 않는다. 마찬가지로 건강 나이라고 할 수 있는 육체의 나이도 보이는 나이나 생각하는 나이와는 또 다르다. 독서와 명상을 생활화하며 열정을 지니고 살아가는 사람에게 세월의 나이가 숫자에 불과하듯, 목표 의식과 도전 정신 속에 몸 관리를 잘한 사람에게도 그냥 지나가는 시간은 무의미하다.

그러나 운동 선수의 나이가 30대 후반이라면 이야기는 달라진다. 운동 선수의 그 나이는 보통 사람의 60~70대. 불과 십여 년 전만 해도 서른을 달기 전에 은퇴하지 않으면 주책이라거나 노욕(老慾)이라는 말을 들었다. 실제 체력이 급격하게 떨어지는 시기로 마음은 굴뚝같아도 몸이 따르지 않아 선수 생활을 접을 수밖에 없다.

이봉주는 1970년생이다. '한물 간 마라토너' 이봉주가

만 서른일곱의 나이에 2007년 서울국제마라톤대회에서 우승했다. 은퇴 압박 속에서 발바닥 부상으로 만 2년간 고생을 한 그에게 42.195킬로미터를 쉬지 않고 달리는 것과 막판 역전극, 그리고 전성기에 버금가는 2시간 8분 4초의 기록은 사실 불가능에 가까운 것이었다. '신념을 가지고 제 갈 길만 간다'는 이봉주에게 나이는 그저 숫자에 불과했다. 그건 우리 모두에게도 통하는 진리다.

○

클레오파트라의 진짜 매력

비비안 리, 엘리자베스 테일러, 소피아 로렌, 모니카 벨루치. 클레오파트라 역을 열연한 여배우들. 이들 세기의 미인들은 "클레오파트라의 코가 좀 더 낮았더라면 세계의 얼굴은 좀 더 변했을지도 모른다"는 파스칼의 말과 함께 클레오파트라를 역사상 최고의 미녀로 만들었다. 나라의 명운을 걸고 나눈 로마의 두 영웅 시저와 안토니우스의 진한 사랑도 이집트의 마지막 여왕 클레오파트라의 명성을 드높였다. 이 같은 점으로 보면 클레오파트라는 틀림없이 경국지색(傾國之色)이었을 것이라는 추측이다.

하지만 그녀가 역사를 바꿀 만큼 절세미인이 아니었다

는 설이 오래전부터 제기되었다. 최근 영국 인디펜던트 인터넷판은 로마시대 은화를 연구한 결과 클레오파트라 미모가 알려진 것과는 다르다고 밝혔다. 기원전 32년의 동전 속 클레오파트라는 좁은 이마에 뾰족한 턱, 얇은 입술, 날카로운 코, 굵은 목을 지녔다. 비비안 리 등과는 사뭇 다른 모습으로 오히려 키 15센티미터의 매부리코에 뚱뚱한 데다 치아까지 엉망이라는 '추녀설'을 뒷받침하고 있다.

그렇다면 파피루스에 적힌 '클레오파트라의 아름다움은 다른 사람과 비교될 정도로 놀랄 만한 것이 아니었고 보는 사람을 놀라게 한 것도 아니었다'는 표현이 더 잘 맞는 것이겠다. 클레오파트라의 외모가 그러하다면 그는 어떻게 시저와 안토니우스를 사랑의 열병에 들게 하고 셰익스피어로 하여금 '나이도 그녀를 시들게 할 수는 없었다'고 읊게 했을까.

기록에 보면 클레오파트라는 어릴 때부터 방대한 양의 독서를 함으로써 총명함을 키웠다. 타고난 언어 감각으로 이집트어는 물론 에티오피아어, 터키어, 아라비아어, 시리아어 등 10개 국어에 능통했다. 머릿속에 꽉 찬 지식으로 이미 지적인 이미지를 완성한 그는 뛰어난 화술과 출중한 정치력, 그리고 화려한 장미꽃 이벤트 등으로 호걸들을 사로잡았다. 클레오파트라를 세계 역사상 가장 유명한 여성으로 만든 것은 타고난 외모가 아니었던 것이다.

섭섭하게 생각할 사람들도 있겠지만 빼어난 미녀가 아니었다는 설이 오히려 다행스럽게 들린다. 매력이나 참된 아름다움은 내면에서 우러나온다는 점을 가르쳐주기 때문이다. 결국 매력은 자기를 얼마나 잘 만들어 가느냐의 문제이며 그 결과에 따라 매력적인 사람이 되고 그렇지 못한 사람이 된다. 매력 측면에서 보면 외모가 아름다운 사람보다 마음이 아름다운 사람, 마음이 아름다운 사람보다 생각이 아름다운 사람, 생각이 아름다운 사람보다 행동이 아름다운 사람이 더 매력적이지 않을까 싶다.

○

하루살이와 매미의 시간

어느 날 하루살이가 지나가는 매미에게 함께 놀기를 청했다. 매미는 바쁜 일이 있으니 '내일 만나자'고 했다. 하루살이는 '내일이 어디 있어'라고 중얼거리며 건방진 매미를 탓했다.

매미가 참새에게 좀 만나자고 했다. 참새는 머지않아 겨울이 오니 '내년에 보자'고 했다. 매미는 '겨울은 뭐고 내년은 또 뭐냐'며 참새를 흉보았다.

차원이 다르면 생각하는 것도 그렇게 달라진다.

장자는 제1편 「소요유」에서 '하루살이 버섯(朝菌)은 저녁과 아침을 알지 못하고 쓰르라미는 봄과 가을을 알지 못하니 작은 지혜는 큰 지혜에 미치지 못하고 짧게 사는 자는 길게 사는 자에 미치지 못한다'고 했다.

하루살이의 생은 짧다. 그래서 하루살이 인생을 부유인생(浮游人生, 허무하고 덧없는 인생)이라고 하며 조균에 대해서도 국어사전에선 '덧없는 짧은 목숨'으로 설명한다.

하루살이의 삶은 인간의 입장에서 보면 그야말로 하찮다. 물속에서 애벌레로 1~3년을 살지만 밝은 세상에서 성충으로 사는 기간은 몇 시간에서 고작 며칠. 유충일 땐 물고기들의 먹이가 되고 성충일 땐 곤충이나 새들의 먹이가 된다. 그렇지 않으면 눈앞에서 아른거리며 사람들을 귀찮게 하는 죄를 범해 인간들에게 집중적으로 퇴치당하니, 하루를 살면서도 수명대로 다 살기는 여간 힘들지 않다.

하루살이는 2급수 이상의 깨끗한 수질 환경이 되어야 살 수 있다. 하루살이는 먹이 피라미드의 가장 아래쪽에 속해 다른 생물들의 중요한 먹잇감이 된다. 입이 없어 먹지도 못하는 하루살이는 귀찮지만 특별히 해를 끼치지 않는다. 자연의 큰 테두리에서 보면 나름대로 필요한 생명체이다.

신의 시간으로 보면 우리네 인생도 하루살이 같을지 모른다. 정작 없어져야 할 하루살이는 자연의 그 하루살이가 아니고 세상에 해를 끼치면서 아무렇게나 막 사는 하루살이 인생들이고, 권력만을 쫓아 이유 없이 떠돌아다니는 하루살이 정당 같은 것들이 아닌지.

ㅇ

나무에 매달린 홍시 하나

차가운 기운이 살짝 맴도는 초겨울의 하늘은 가을 하늘보다 더 맑고 푸르다. 그 쪽빛 하늘과 야트막한 산을 벗 삼아 빨간 홍시 몇 개를 안고 있는 뒷담 감나무는 한 폭의 그림이다. 시골 고향을 생각나게 하는 대표적 풍경 중 하나이지만 하늘 끝에 걸린 여남은 홍시는 하찮은 미물까지도 생각하는 우리네 속 깊은 정서이기도 하다.

찬 서리 / 나무 끝을 나는 까치를 위해 /
홍시 하나 남겨둘 줄 아는 / 조선의 마음이여

시인 김남주가 〈옛 마을을 지나며〉에서 읊었듯 옛날 어른들은 반드시 몇 개는 남겨두고 감을 땄다. '까치밥'이라는 것인데 원래는 효성이 지극하여 늙은 부모 새를 죽을 때까지 보살핀다는 까마귀를 위한 것이었고, 그래서 일부 지방에선 아직도 '까막밥'이라고도 한다. 아마도 까치가 사람 동네에서 살며 친숙해진 길조여서 바뀐 것이 아닌가 싶은데 까치밥이든 까막밥이든 그것은 이제 본격적으로 겨울이 시작되면 먹을 것 구하기가 쉽지 않을 날짐승들을 위한 최소한의 배려였다. 짐승들을 위해 가을걷이가 끝난 벌판에 이삭을 다 줍지 않고 내버려두는 것과도 같은 마음이다.

수년 전 민주당 대선후보 대전 경선에서 당시 노무현 후보 등이 충청도 사람들의 인심을 들먹이며 '까치밥을 좀 남겨 달라'고 해서 화제가 된 적도 있지만 까치밥은 약자를 배려하는 우리네 따뜻한 마음과 나누면서 세상 사는 이치를 담고 있다. 그래서 옛날 어른들은 아이들이 몰래 까치밥을 따려고 하면 '인정머리 없는 놈'이라며 야단치곤 했다.

언젠가 한국 생활이 제법 된 외국인이 '푸른 하늘, 마른 가지, 빨간 홍시의 조화'를 가장 아름다운 한국의 늦가을

정취로 꼽았다. 그러면서도 그는 남은 홍시를 감나무 주인의 게으름 때문이겠거니 여기고 있었다. 그러나 까치밥의 이유를 설명하자 "한국인의 마음은 그 풍경보다 더 아름답다"며 새삼 존경심을 나타냈다.

세상은 갈수록 복잡해지고 갈등은 매일 쏟아진다. 모두들 자기주장에만 목청을 높이고 있다. 엄동설한이 머지않았지만 현실은 그보다 더 춥다. 차가운 홍시에 담긴 따뜻한 마음의 까치밥이 그래서 더 그립다.

○

성공의 키워드가 뻔한 이유

어느 날 제자들이 아인슈타인에게 물었다.

"선생님은 어떻게 학문에 성공했습니까."

"S=X+Y+Z지. S는 성공이며 X는 말을 많이 하지 말 것, Y는 생활을 즐길 것, Z는 한가한 시간을 가질 것을 뜻하지."

성공을 목표로 한 것이 아니라 여유를 가지고 즐기다 보니 그렇게 되었다는 설명이었다.

성공은 모든 이들이 바라는 바다. 무엇을 성공으로 보느냐만 조금씩 다를 뿐이다. H.D 소로는 "자기가 하는 일에서 최대한의 기쁨을 얻을 수 있는 사람만이 그 사업에서 성공했다고 할 수 있다"고 했지만 대부분의 사람들은 다른 많은 사람들이 '성공했다'고 인정해주어야 비로소 성공한 것이라고 믿는다.

미국 경영 잡지 《비즈니스 2.0》 인터넷 판이 그런 성공을 위해 세계 비즈니스계의 유명인사 50명에게 '성공의 키워드'를 물었다. 자신의 분야에서 크게 성공한 사람들이지만 대답은 비교적 간단했다. '좌절을 기회로 삼아라' '땀 흘려 노력하라' '잘되고 있는 일은 바꾸지 마라' '다른 사람의 공으로 돌려라' '자신의 직관을 믿어라' 등 우리가 익히 아는 말들이었다.

다 같이 아는데도 성공한 사람과 그렇지 못한 사람으로 나뉘는 이유는 무엇인가. 아마도 의지와 실천의 문제일 것이다. 그들은 철학을 가지고 강하게 밀어붙이는데 단지 부러워하며 헛꿈만을 꾸기 때문이 아닌가 싶다. 새 꿈을 펼칠 새해가 얼마 남지 않았다. 사회적 성공을 위해서라면 지금부터 마음을 다잡는 것이 좋겠다. 그러나 성공은 결과일 뿐 목적이 아니고 소인들의 명예에 불과하다. 모두가 바라보는 큰 성공보다 자신을 중히 여기고 작은 일에도 최선을 다하며 욕먹지 않고 사는 평범한 성공에 더 큰 가치를 두었으면 싶다.

민들레꽃을 피우는 강아지똥

〈돈키호테〉에는 세르반테스가 겪은 고난 가득한 삶이 녹아있다. 그는 58년의 긴 인생을 산 후 비로소 빛을 봤다. 그것도 햇빛 한 줌 없는 감옥에서.

가난한 집 아들로 교육다운 교육을 받지 못했던 그는 24세 때 레판토의 해전에서 왼쪽 팔에 부상을 입었다. 28세 때에는 전쟁 포로가 되었다. 네 차례나 탈주했으나 번번이 실패했다. 38세 때 여러 편의 희곡을 썼으나 모두 창고에서 썩었고, 살기 위해 세금징수원으로 나섰지만 영수증을 잘못 발행한 탓에 감방에 들어갔다.

스위스의 철학자 C. 힐티는 '고난은 미래의 행복을 의미

한다. 나는 고난을 당했을 때 희망을 품었다'고 했지만 고난은 훨씬 많은 경우 좌절이 되고 치유하기 힘든 아픔이 된다. 고난이 희망으로 이어지는 것은 아주 특별한 경우일 뿐이다.

동화작가 권정생은 고난의 삶을 살았다. 입에 풀칠하기도 힘든 가난으로 초등학교를 마치자마자 사회에 뛰어들었다. 끼니거리가 된다 싶으면 나무장수든 상점의 점원이든 무엇이든 했다. 믿는 건 오직 몸뚱아리 하나였지만 하늘은 그마저도 허락하지 않았다. 타관살이 수년 만인 19세 때 결핵이 엄습했다. 할 수 없이 고향집으로 돌아갔지만 형편상 편안하게 머물 수 있는 곳은 아니었다.

다시 길을 나선 그는 안동 근처 조그만 시골예배당 종지기가 되었다. 가난과 병마를 친구처럼 달고 다녔던 그의 여정은 세르반테스가 들어도 눈물을 흘릴 정도였지만 그는 그 모든 것을 사랑했다.

작은 아픔, 잔인한 상처, 슬픈 사연도 그의 깨끗한 영혼을 거치면 아름다움이 되었다. 매 맞는 할미소, 오소리네 꽃밭, 너구리, 생쥐와 개구리, 양계장의 닭 등 세상에 버려진 하찮은 것들도 그의 따뜻한 손길이 닿으면 더없이 중요한 존재가 되었다. 모두가 밟으면 재수 없다고 했던 개똥

이 자신의 몸을 녹여 민들레꽃을 피어나게 한다는 '강아지똥'처럼.

"그저 생명과 어울리는 거지. 쓸데없는 걸 참 많이도 썼어. 바람 부는 대로 춤추는 허수아비처럼 못나게 살았어."

가는 날까지 산촌 오두막에서 살며 바람과 햇빛과 시냇물을 벗삼았던 결코 '못나지 않은' 무욕의 삶. 빈손이었지만 그는 100여 편의 그림 같은 이야기를 남긴 마음의 부자이다. 그의 글은 우리네 혼탁한 정신을 언제까지나 맑은 눈물로 깨끗하게 씻어준다.

ㅇ

성(性)을 말하라

'오성과 한음'으로 알려진 백사 이항복은 어른이 되어서도 장난을 멈추지 않았다. 임진왜란 당시 피란길에 오른 어느 날 소나기가 쏟아지자 모든 일행이 앞다투어 뛰었다. 그러나 그만은 뛰지 않았다. 일행이 이유를 묻자 "이 사람아, 여기 비도 맞기 싫은데 뛰어가서 앞의 비까지 맞을 필요가 있는가"라며 여전히 느린 걸음을 옮겼다.

그런 백사였기에 부인의 너무나도 조신한 행동에 조금 짜증이 났던 모양이다. 권율 장군의 딸인 부인은 둘만의 잠자리에서도 언제나 점잖았다. 백사는 그런 부인을 골탕 먹이기 위해 한 가지 장난을 쳤다. 마당 한쪽에 있는 바윗돌 위에 바지를 벗고 한참 앉았다가 그 차가운 엉덩이를 부인에게 들이미는 것이었다. 부인이 움찔하면서도 아무 말 않자 그 후로도 몇 차례 더 장난을 하며 부인의 반응을 유도했다.

결국엔 참다못한 부인이 남편이 즐겨 앉는 바윗돌을 불로 달궈놓음으로써 화를 입었지만 조선시대 부부의 밤은 삭막하기 그지없었던 것 같다. 부부라도 각방 쓰는 것이 예의고 남편이 헛기침을 하며 찾지 않으면 동짓날 긴긴 밤도 독수공방해야 했으니 어찌 보면 당연한 것이기도 하다.

그런 탓인지 시대가 바뀌었어도 아직 우리 사회는 '성은 아주 은밀한 것, 그래서 부부라도 함부로 이야기해서는 안 되는 것'으로 여기고 있다. 단원과 혜원의 '운우도첩'과 '애무정사'를 보면 그렇지도 않지만 그것은 어디까지나 난봉의 현장일 뿐 정상적인 관계는 아닐 듯하다.

한 다국적 제약회사가 세계 27개국 25~74세 남자 6,291명과 여자 6,272명을 대상으로 한 '성생활 만족도' 조사에서 한국이 최하위를 기록했다. 성생활이 매우 중요하다(남자 91%, 여자 85%)면서도 남자의 9퍼센트와 여자의 7퍼센트만이 만족한다고 했다. 성에 대한 인식과 함께 일과 술을 강권하는 사회 분위기, 그리고 자녀 교육 등으로 부부가 모두 정신없이 바쁘기 때문에 온 문제인 것 같지만 정력식이라면 별 해괴망측한 것까지 다 섭렵하는데 왜 그런 결과가 나왔는지 궁금하다.

J.D 와트슨은 '성은 인생의 가장 중요한 문제이다. 섹스는 인생의 행복을 좌우한다'고 했다. 부부의 행복은 자녀의 행복, 사회의 행복과 결코 무관하지 않다. 함께 노력할 일이다.

#2

돌아서 가도 괜찮습니다

○

그냥 걸어보라

내가 걸어 다닌 이유는 그때그때 조금씩 달랐다.

중고등학교 땐 차(버스)멀미가 심해서 1~2킬로미터쯤은 걸었다. 대학 시절엔 더러 버스비 아껴 한잔하느라고 여럿이 어울려서 걸었다. 술 한잔하고 헤어지기 싫어서 걸은 적도 있고, 눈길이 탐스러워서 걷기도 했고 비 맞는 게 신나서 걷기도 했다. 40대 후반엔 당뇨에 좋다고 해서 걸었다. 지금은…, 그냥 좋아서 걷는다. 걸어야 하기에 걷는 것이기도 하고.

그래서 걷는 것에 대해 특별히 의미를 두거나 잘난 척하지 않는다. 걷기 좋다는 길을 굳이 찾아 나서지도 않는다. 조금 빨리 걸어야 몸에 좋다고 해도 귓등으로 흘린다. 느리게, 천천히도 그다닥 따지지 않는다. 걷는 방법이 어쩌니 저쩌니 해도 개의치 않는다.

그저 생활 속에서 걸어 다닐 뿐이고 내 기분대로 걷는다. 약속 시간에 늦을 듯하면 조금 빨리 걷고 일찍 도착할 것 같으면 5~10분쯤 길을 돈다. 매일 차 타고 다니는 길이 궁금해서 걷기도 하고 처음 가는 장소를 자세히 알고 싶어서 걷기도 한다.

그 좋다는 제주 올레길을 걸은 적은 없어도 한탄강에서 집까지 걸은 적은 있다. 지리산 둘레길은 걷지 못했어도 강화도까지 걸어가서 나들길 몇 코스를 다닌 적은 있다. 별 생각 없이 30여 킬로미터 떨어진 올림픽공원까지 간 적도 있다.

가끔 목적지를 정하고 떠나기도 하지만 얽매이진 않는다. 힘들면 가다가 만다. 그냥 정한 것이지 꼭 가야 하는 곳도 아닌데 정했다고 굳이 가야 할 건 아니지 않은가. 다음에 가도 되고 또 아니 간들 어때서.

시간을 정하지도 않는다. 적어도 30분은 걸어야 운동이 된다고 하지만 그럴 땐 운동하자는 게 아니라 산보나 산책이라고 생각하면 그만이다. 하지만 일단 길에 들어서면

30분 정도 걷다가 마는 경우는 별로 없었던 같다. 배낭을 매지도 않는다. 그렇게 힘든 길을 가는 것이 아니고 번거로운 게 싫어서다. 주머니에 돈 조금 넣어 가면 길가에서 다 해결된다.

물은 출발 전에 마신 걸로 충분하다. 그 정도에 목이 말라 죽지는 않는다. 걷는 시간이 길어지면 길가 음수대에 입을 들이대면 된다. 초등학교 시절 운동장 한쪽에 있던 수도꼭지에 입대고 마셨던 것처럼. 반은 입으로 들어가고 반은 얼굴을 타고 내리지만 그 맛과 재미 때문에 그 짓을 한다.

o

머리를 텅 비워보라

걷기를 생활화 한 것은 당뇨병 덕분이다. 경향신문 부장 2년차였던 99년쯤 느닷없이 당뇨가 찾아왔다. 원인이야 많겠지만 각설하고 걷기만 열심히 해도 '그까짓 당뇨'는 아무것도 아니라는 조언들이 쏟아졌다.

매일 밤 퇴근 후 1시간씩 걸었다. 한 달여가 지나자 당뇨 수치가 정상으로 돌아왔다. 물론 식이요법을 같이 했지만 걷는 것만으로 정상이 된다면 당뇨는 무서워 할 게 못된다고 판단했다. 언제라도 또 걸으면 되니까.

그러나 당뇨는 그렇게 쉽게 볼 병은 아니다. 매일 1시간씩 꾸준히 걷는다는 게 보통 힘든 일이 아니다. 더욱이 분

초를 쪼개 생각하고 뛰어다니며 마감해야 하는 기자들에게는….

그러다 보니 시간이 지나면서 느슨해졌다. 바쁘다는 핑계로 몇 달 후에 아예 손 놓고(아니 발인가)말았다. 그 사이 병은 무럭무럭 자랐다. 합병증까진 아니지만 여러 가지 마뜩찮은 증세가 나타나기 시작했다.

다시 걷기 시작했다. 출퇴근길을 활용하기로 했다. 회사에서 집까지는 대략 걸어서 1시간 40분. 금요일 퇴근길은 다 걷고 평일엔 앞뒤 잘라서 1시간 정도를 걸었다. 상대적으로 덜 바쁜 부국장 시절이어서 비교적 자주 걸었다. 걷다보니 망외의 즐거움이 있었다. 어느 날 자연이 성큼 다가왔다.

북악 스카이웨이는 원래 자동차 전용도로였다. 그 옛날에는 결혼식을 마친 신혼부부의 드라이브 코스였으나 걷기는 불편했다. 찻길 옆에서 꼽사리 끼듯 걸어야 하는 데다 보초를 서고 있던 군인들이 툭하면 튀어나와 검문 비슷한 걸 했다. 그런데 군사정권이 끝나고 세월이 좋아지면서 찻길 한쪽 옆에 산책로가 생겼다. 차를 타고 다닐 땐 보지 못했던 길가의 수많은 나무와 꽃들이 향기를 내뿜으며 성큼 다가왔다.

자연은 참 좋은 게 사계절 알아서 치장을 한다. 봄의 설레임이 있고 여름의 넉넉함이 있고 가을의 다양함이 있고 겨울의 고즈넉함이 있다. 4계절만 그렇게 바꾸는 것이 아니다. 매일매일이 다르고 더러는 보지 못했던 것이 툭 튀어 나오기도 한다. 그냥 그대로의 산과 들은 한 번에, 한눈에 다 보기엔 너무 크고 넓다. 비록 크지 않은 산이고 좁은 산길이라고 해도.

청계천은 나쁘지 않다. 시내 한가운데를 통과하는 시냇물은 나름대로 멋이 있다. 고가도로 밑의 황량함과는 차원이 다르다. 거대한 어항이라고 비판하기도 하지만 대한민국의 내천을 탈바꿈시킨 부차적인 공도 있다. 하지만 청계천은 자연은 자연인데도 몇 번 걷다 보면 싫증이 난다. 뭔가 부자연스럽다. 청계천을 따라가다가 만나는 중랑천만 해도 청계천보다 훨씬 멋스럽다. 청계천의 자연은 잘 정돈되어 있을 뿐 따뜻한 정이 없다. 중랑천은 흐트러져 있지만 볼 때마다 푸근하다. 청계천은 머리를 깔끔하게 깎은 얄미운 범생이고 중랑천은 아무렇게나 머리를 빗은 개구쟁이 소년 같다. 하는 짓을 보고 있으면 입가에 절로 웃음이 맺히게 하는….

결코 지치지 않게 하는 자연은 생기까지 불어넣어 준다.

그 생기는 몸과 마음의 구석구석 닿지 않는 곳이 없다. 걷다 보면 갑자기 한가로움이 찾아든다. 혼자라서 외롭다는 생각이 들 때도 있지만 그건 잠깐이다. 곧 여유가 생기고 생각을 하게 되고 명상에 빠져든다. 목적을 가지고 걷는 건 처음 10분가량이다. 주위에 사람이 없어지고 차가 안 보이면 자기도 모르게 자기 자신 속으로 들어가게 된다.

사실 우리 대부분은 혼자만의 시간을 가지지 못한 채 살아간다. 집에서는 가족과 어울려야 하고 직장에선 동료들과 시간을 보낸다. 복잡한 도심에선 싫어도 이런저런 사람들과 어깨를 부딪쳐야 한다. 혼자만의 시간이 없다 보니 생각하는 시간이 없고 그러다 보니 무엇인가에 쫓기듯 매양 허겁지겁이다.

1시간여를 걷다 보면 어느 시점에선 머리를 텅 비우게 된다. 텅 빈 머릿속에서 다시 생각이 피어오르면서 이내 깊은 상념에 빠지고 그럴 즈음이면 되면 소위 정신통일이라는 게 되어 머리가 맑아진다. 깊은 생각은 사람을 더욱 총명하게 만드는 법이니 굳이 책상다리 하고 앉아서 명상 수련을 할 필요가 없다. 아주 짧은 순간이라도 집중은 대단한 효과가 있다.

낚시를 해 본 사람은 안다. 그럴 만한 특별한 까닭도 없는데 낚시만 다녀오면 머리가 맑아진다. 왜 그럴까. 낚시, 특히 민물낚시는 기다림의 미학이다. 물고기를 잡으려고 가지만 못 잡아도 그만이다. 혼자 앉아있는 시간이 즐겁고 자연 속에 묻혀있는 것이 즐겁다.

사실 자연과 24시간 마주할 수 있는 것은 낚시밖에 없을 듯하다. 해질녘의 고즈넉함이야 어디서든 보고 느낄 수 있지만 밤이 조금씩 깊어가는 상태나 해 뜨기 전 황홀하게 피어오르는 물안개, 그리고 추운 밤을 보내고 맞이하는 아침 해의 그 따뜻한 정겨움은 낚시가 아니면 쉽게 접할 수 없다.

물론 멀리 물이 보이면 그날의 조과를 기대하는 마음에 가슴이 뛰지만 기대는 대부분 기대로 끝난다. 하루 종일 물고기 한 마리 구경 못하고 빈 낚시대만 부둥켜안고 돌아오기가 예사다. 그런데도 머리가 맑아지는 것은 찰나의 집중 덕분이다. 물속에 머리를 내밀고 있는 찌가 산들산들 움직일 때부터 고기를 잡아 올릴 때까지의 그 시간에는 어떤 잡념도 머릿속에 들어 올 수 없다. 그저 물고기 생각뿐이다.

그 시간은 결코 길지 않다. 때론 찌가 심하게 곤두박질하는 걸 보면서 큰 기대를 걸지만 손가락만 한 놈이 올라와 혼자서 쓴 웃음을 짓기도 한다. 그러나 그때가 바로 머리가 맑아지는 순간이다. 그야말로 무념무상. 바윗덩어리만 한 고민도, 실타래처럼 얽인 이 생각 저 생각도 없어진다. 그렇게 머릿속을 한 번씩 비우는 순간이 있어서 고민하지 않아도 고민이 사라지는 것이다.

걷기도 한참 하다 보면 비슷한 경지에 오른다. 두통 등으로 괴로워하던 니체가 걷고 또 걸으며 여러 권의 책을 집필했다는 이야기는 결코 거짓이 아닐 것이다. 걸으면서 집중을 했기에 두통이 사라지고 맑은 정신 속에서 생각이 떠올랐기에 니체의 명저들이 탄생할 수 있었다. 플라톤, 몽테뉴, 루소, 칸트에게 걷기는 사유와 동의어였다. 의학의 아버지 히포크라테스는 '걷기 보다 더 좋은 약은 없다'고 했다.

ㅇ

상춘완보(賞春緩步)

봄을 즐기며 천천히 걷거나 천천히 걸으면서 봄을 즐기는 것일 터인데 운동으로서의 걷기도 좋지만 나에게 걷기는 상춘완보이다. 굳이 봄뿐 아니라 어느 계절이든.

어렸을 때도 그랬지만 나이가 좀 든 후에도 '사계절이 뚜렷한 게 왜 우리나라의 자랑 중 하나로 꼽힐 수 있는가' 하고 의아해했다. 어지간히 내세울 게 없구나 했는데 걷기를 하고 난 후 사계절의 의미를 다시 알게 되었다.

일 년 내내 덥거나 추운 나라의 경치는 언제나 같을 수밖에 없다, 조금씩 다를 순 있지만 큰 변화는 없다. 그러나 계절이 확실히 바뀌면 하나의 자연으로 네 번의 다른 모습을 볼 수 있다. 봄의 인왕산이 다르고 가을의 인왕산이 다르고 오늘 백사실 계곡이 다르고 내일 백사실 계곡이 다르다. 변함없는 나라에 비하면 일석사조이다.

매번 같은 길을 걸어도 매번 다른 모습이고 다른 느낌. 그래서 나는 굳이 길을 많이 바꾸지 않는다. 생활 속에서 자연스럽게 바꿔 가며 걸을 뿐이다.

ㅇ

밤의 적막, 인왕산 길

집에서 회사까지 가고 오는 길은 두 가지다. 하나는 세검정에서 백사실 계곡을 거쳐 부암동 산길을 지나 창의문에서 오른쪽으로 인왕산 길을 돌아 정동에 이르는 길이다. 다른 하나는 창의문을 통과해 윤동주 시인의 언덕길을 따라 내려와 청운중학교, 경복고등학교, 청와대 앞길로 해서 광화문에 이르는 길이다. 1시간 40여 분 정도 걸리는데 지루할 틈이 없다.

백사실 계곡은 아주 길거나 넓지는 않지만 늘 아늑하다. 최근에 사람이 많아졌지만 7~8년 전만 해도 인적이 드물었다. 시내에서 멀지 않아서 오히려 한적했다. 다니는 사람이 많아졌지만 길에서 조금만 벗어나면 아주 오래전 산골 도랑 같은 느낌이다. 가끔 밤에 이 길을 가로질러 집으로 향했다. 처음 몇 번은 길을 놓쳐 엉뚱한 곳으로 내려서기도 했다. 두세 번 헤맨 후엔 그런 일이 없다.

달빛 좋은 밤의 산길은 황홀하다. 사람 하나 없는 텅 빈 산속은 자유로 가득 차 있다. 그러려니 해서 그런 것인지 잘 모르겠지만 숲의 냄새며 바람의 느낌이며 모든 것이 다 다르다. 같은 적막이라도 낮의 적막과 밤의 적막은 차원이 다르다.

무서울 거라고들 하지만 분석하고 생각해보면 아무것도 아니다. 귀신이 있을 리 만무하고 번잡하지 않아 강도가 있을 턱 없으니 무서울 게 없다. 간혹 집 나온 개들을 마주칠 때 쭈뼛할 할 때가 있었는데 개도 산중에서 만난 사람을 무서워하기는 마찬가지라 서로 못 본 척 지나가면 그만이었다. 산이나 도시나 무서운 건 사람.

오래 전 계룡산을 밤에 넘은 적이 있었다. 작정하고 결행한 건 아니었다. 갑사 저수지에서 낚시를 하고 해가 떨어질 때쯤 도구를 챙겼다. 이왕 온 김에 구경이나 하자며 갑사로 발길을 옮겼다. 해가 아직 남아있어 조금 더 오르자 했다가 중턱에 다다랐다.

내려갈까 말까 하다가 올라온 거리가 아까워 그대로 동학사로 향했다. 1시간쯤 오른 뒤여서 내려가나 넘어가나 큰 차이가 없어 보였다. 밤에 혼자서 산을 넘는 것도 한 번쯤 해볼 만한 일이라고 생각했다.

밤은 빠르게 다가왔다. 이제 막 해가 졌나 싶은데 눈 한 번 돌리고 나니 칠흑이었다. 재수도 없었다. 자갈길이 섞여 있거나 북한산처럼 바윗길이면 그래도 좀 보일 텐데 온통 흙길이었다. 달빛 한 점 없는 그믐이었다. 한 치 앞도 분간할 수 없는 어둠, 순간 무서움이 들었다. 길을 잃고 밤새 헤매는 건 아닌지. 발을 헛디뎌 떨어지면 어쩌지. 산짐승이라도 만나면 큰일인데 등등. 산은 깊지만 호랑이 같은 산짐승은 사라진 지 오래니 겁먹을 것 없고, 한 발 한 발 조심하면 미끄러질 일 없고, 처음 길이라 길 잃는 게 걱정이지만 정 안 되면 아침까지 기다리면 그만 아닌가. 여름밤은 아주 짧으니까.

정리를 한 번 하고 나니 마음이 한결 놓였다. 조심조심 한 걸음 또 한 걸음. 갑사를 출발한 후 한시도 안 쉬고 두 시간 반 넘어 걷자 비로소 내리막 이정표가 나타났다. 갑사에서 동학사까지가 3시간 정도의 코스인 걸 감안하면 엄청 시간이 흐른 것이었다. 그래도 절반은 왔으니 다행이지 하는 순간 갑자기 앞에서 발자국소리가 들렸다.

큰일 났다 싶었다. 한밤중에 산속을 다니면 옛날로 치면 산적이지만 그럴 리는 없지 하면서도 간담이 서늘했다. 그건 맞은편도 마찬가지인 듯했다. 거의 동시에 발걸음을 멈추었지만 마냥 대치할 수는 없는 일. 다시 몇 걸음을 옮기자 맞닥뜨리게 되었다. 다행히 여승이었다. 난 한숨을 쉬었지만 저쪽은 여전히 긴장 상태인 듯 했다.

"이 밤에 어떻게…."

스쳐 지나가면서 한 그 한마디로 우리의 무서움과 긴장이 사라졌다. 그때 두 가지를 깨달았다. 어디서든 사람이 가장 무섭다는 것과 무서움은 그리 대단한 게 아니라는 것이었다.

당시의 경험을 바탕으로 밤의 백사실 계곡행을 하게 되었는데 어떤 이가 위험하니 핸드폰 불빛을 사용하라고 권했다. 좋은 생각이다 싶었지만 딱 한 번 해보고 말았다. 발밑은 안전했지만 불빛이 좁아 다른 위험이 있었고 무엇보다 밤의 어둡고 적막한 기분을 즐길 수 없었다. 어두운 건 어두워서 좋은 법이다.

백사실 계곡을 벗어나면 부암동 산길이 나타난다. 봄의 그곳은 '고향의 봄' 노래 가사를 떠올리게 한다.

나의 살던 고향은 꽃 피는 산골
복숭아 꽃 살구 꽃 아기 진달래
울긋불긋 꽃 대궐 차린 동네
그 속에서 놀던 때가 그립습니다.

도심에서 불과 10분이지만 거의 그 느낌 그대로다. 지금은 사뭇 다르다. 길가 한쪽 모서리에 커피숍이 들어서면서부터. 커피숍은 무슨 드라마에서 주요 무대로 등장했고 소문이 돌면서 젊은이들의 도심 나들이 명소가 되었다. 그 후론 부암동 전체가 데이트 코스로 탈바꿈, 그 옛날의 멋이 다 사라졌다.

백사실에서 다시 올라가면 팔각정을 만난다. 능금마을-팔각정을 지나 왼쪽으로 한참 가면 성북동, 혜화동이 나오고 오른쪽으로 가면 하늘교-북악하늘 길이다. 괜찮은 길이지만 오르막이 있어서 좋아하지는 않는다. 계절이 바뀌면 한 번 가는 편이니 1년에 많아야 네 번쯤.

창의문에서 오른쪽으로 향하면 사직공원이 나온다. 40여 분 거리의 찻길 옆 소롯길이 여간 정겹지 않다. 길이 시작되는 곳 조금 높은 곳에 시골스러운 교회가 있다. 장미

길이 있고 산꽃과 크고 작은 나무들이 모여 살고 있다.

20분쯤 길 따라 굽이굽이 내려오다 보면 저 아래 수성 폭포를 볼 수 있다. 서촌의 시작쯤인데 그쯤에서 만나는 봄은 환상적이다. 700미터 정도의 길 양옆이 꽃 잔치를 벌인다. 아름드리 산벚이 분홍의 흰 꽃을 피우고 사이사이 백목련이 다발다발 어우러진다. 맞은 편 언덕은 진달래와 개나리의 경연장이다. 진달래 무리와 개나리 무리가 한데 어울려 밤을 낮처럼 밝힌다.

전에는 산수유부터 차례차례 피었으나 언제부터인가 한꺼번에 핀다. 아무래도 날씨 탓일 터. 서서히 즐기지 못해서 아쉽지만 한꺼번에 피는 '꽃 대궐'은 화려하기 그지 없다.

창의문을 통과하는 길은 재미는 덜하다. 길이 비교적 직선이기도 하지만 학교 담길을 따라 걸어야 하기 때문이다. 그러나 목련이 필 때의 며칠은 이쪽이 더 화려하다. 청와대 앞 분수대에 이르는 500여 미터 중간 중간 목련이 진을 치고 있다. 압권은 숙정문 밑 최규식 경무관 동상 옆에 자리한 목련. 김신조의 1·21사태 때 목숨을 잃은 최 경무관의 정신을 기리는 듯 흰 목련 수천 송이가 하늘을 뒤덮고 있다.

청와대 앞길은 군사독재 시절에는 막혀있었다. 김영삼 대통령 시절 막혀있던 효자동 길을 개방했다. 300미터에 불과한 짧은 길을 잇는데 30년이 걸렸다. 분수대를 고치고 그 앞에 기념관을 짓고 옆으로 무궁화동산을 만들었다. 지방 사람들이 '나랏님' 사는 곳 보자며 관광버스를 들이대더니 중국인을 비롯해 외국인까지 단체로 찾았다. 노무현 대통령은 청와대 뒷산 북악하늘 길을 개방하여 국민들에게 돌려줬다. 문재인 대통령은 앞, 뒤, 옆길을 모두 24시간 개방했다. 한밤중에도 광화문 옆길을 따라 청와대, 삼청동까지 한 바퀴를 빙 돌 수 있다. 은행나무를 비롯해서 고목들이 줄지어 늘어서 있고 코너마다 정원이 자리 잡고 있다. 사람 사는 동네가 된 그곳, 운치가 있고 흥겨움이 있다.

내리는 비마저 아름다운 정동 길

오랫동안 무심코 다녔다. 78년 초 입사하면서 걷게 되었으니 알게 된 지 40년이다.

첫 20여 년은 그냥 다녔다. 뛰고 왁자지껄 떠드느라 느낌이라는 걸 느끼지 못했다. 택시를 타기엔 너무 가깝고 걷기엔 조금 먼 애매한 길이었다. 정동 길을 살갑게 느낀 것은 20년이 조금 지난 뒤였다. 시작은 아마도 당뇨 때문일 거라고 생각하지만 그 사이 나이를 먹은 탓이지 싶다. 자연이 좋아지고 계절의 바뀜을 자연 때문에 알고, 자연이 인공물보다 훨씬 낫다고 생각하면 나이를 먹은 증거라고 했으니까.

어쨌든 어느 날 정동 길이 아름답게 펼쳐졌다. 11월이 이별을 재촉할 즈음이면 정동 길은 한 폭의 수채화다. 물든 은행잎, 떨어진 은행잎으로 하늘, 땅이 다 노랗다. 정동교회, 정동공원, 아라사 공관, 5백 년 된 회나무, 배재공원, 돌담길을 곁들이면 금상첨화다.

봄의 덕수궁은 꽃나무들의 화려한 잔치 마당이다. 벚꽃은 담 밖으로 얼굴을 내밀고 길 가는 사람을 붙잡는다. 석어당 앞 살구나무는 가히 국보급이다. 모란은 또 어떻고…, 비가 조금씩 내리는 가을 날 덕수궁 정동 길은 비마저 아름답다.

경향신문에서 나와 덕수궁 쪽으로 내려가다 후문 돌담길을 따라 걷다 그 길 끝에서 왼쪽으로 오르면서 경희궁을 한 바퀴 돌면 대략 30여 분이 걸린다. 운동이라는 생각이 전혀 들지 않는다. 도심에서 하늘 정원을 본 느낌이다. 몸보다 마음이 먼저 상쾌해진다.

봄의 경희궁 앞뒤 뜰에서 만나는 행운 중 하나는 찔레꽃을 만나는 거다. 천상의 소리꾼 장사익 씨가 목놓아 외치는 하얀 꽃 찔레 꽃 순박한 꽃 찔레 꽃, 별처럼 슬픈 찔레꽃의 그 찔레꽃이다.

도심에선 좀처럼 볼 수 없고 꽃집에서도 팔지 않는 시골

산기슭의 그 하얀 찔레 꽃이 막 꽃을 피울 때면 향기가 천지를 진동한다. 은은하면서도 강한 향은 멀리서도 금방 맡을 수 있다. 향을 맡고 있으면 장사익 씨가 찔레꽃 향기를 슬프다고 읊은 이유를 알 것 같다.

덕수궁 안을 두어 바퀴 돌고 난 후 경희궁을 두세 바퀴 돌아 원점으로 돌아오면 대략 1시간여가 걸린다. 때로는 생각마저 접게 만든다. 경향신문 근처의 산책로는 정동 길만이 아니다.

영천시장에서 사람 내음을 맡고 독립문 쪽에서 일제강점기의 아픈 역사를 되새기며 안산 자락에 올라도 좋다. 한 시간 거리다. 서대문 사거리에서 왼쪽으로 서대문공원을 향한 후 순화동쪽 골목길을 돌아 배재공원 앞으로 나오면 40분 정도.

하지만 굳이 그렇게 길을 따져가며 걸을 필요는 없다. 골목골목 쑤시고 다니면 40분짜리가 한 시간이 되고 한 시간짜리가 두 시간이 된다. 발길 가는 대로 마음 가는 대로 다니면 된다. 그러다 보면 동네 반장을 해도 된다. 조그만 구멍가게, 철물점, 목재상, 슈퍼, 넝마상, 폐지상회, 함바식당 등 세상살이가 눈에 다 들어오기 때문이다.

느낄 것 없고 감동 없는 시내일망정 걸어 다니면 진짜

많은 것을 보게 된다. 차 타고 뛰어다니면서 보낸 20년간 한 번도 보지 못했던 것을 불과 1개월여 만에 다 만난다. 그곳에 사람이 있다.

ㅇ

도도히 흐르는 한강 길

한강은 참 큰 강이다. 넓고 길다. 걷다 보면 한강의 한자가 크다는 의미임을 새삼 깨닫는다. 청계천 길이 끝나면 바로 한강이지 싶지만 그 길에서도 한참을 가야 한강을 만날 수 있다. 중랑천 끝자락을 20여 분 걸어가야 한강인데 첫 느낌이 '아, 넓구나'다.

70~80년대 마구잡이로 파헤치지 않고 제대로 보존하며 개발했다면 도심 속 강 중에는 세계 으뜸이 되었을 것이다. 조선시대 이전에도 중국 사신들이 한양에 오면 꼭 한강 9경을 감상했다. 한양에 가서 압구정을 보지 못하고 선유도를 못 봤으면 한양에 안 간 거나 마찬가지라는 소리

들을 했다.

그나마 서울올림픽을 기점으로 한강을 사람 중심으로 개발한 게 다행이다. 정주영 회장이 서울올림픽 유치를 위해 뛰어다니다 작은 도시 바덴바덴이 시내를 관통하는 조그만 강을 꾸며놓고 사람들이 즐기게 하는 걸 본 후 한강에 뛰어든 결과이다. 물론 정 회장의 원래 목적은 올림픽 유치를 위해 쓴 돈을 한강 개발로 보상받으려 한 것이었다. 노리는 바가 어찌 되었든 오늘날의 결과물이 나쁘지 않아서 좋다.

한강은 강이면서 호수였다. 중랑천과 탄천이 합류한 금호동과 압구정동 앞은 동호(東湖), 여의도를 빙 돌아 다시 만난 마포 일대는 서호(西湖), 홍제천과 창릉천이 합쳐져 흐르는 행주산성 앞은 행호(幸湖).

나루터도 여러 곳이었다. 박목월의 시에 나오는 광나루의 광진, 지금은 초고층 아파트가 들어선 송파나루, 그리고 동작나루, 마포나루, 양화나루 등이 있고 압구정, 악양루, 선유도가 있다. 중국 이름 따라 하기의 흔적이 있지만 급이 되니까 그렇게 지었다. 한강 일대 풍광 33곳을 그린 겸재 정선의 〈경교명승첩(京郊名勝帖)〉이나 〈양천팔경첩(陽川八景帖)〉을 보면 결코 허풍이 아니다.

한강의 남북을 잇는 대교도 마찬가지다. 뭔 다리마다 대교라고 이름 붙였을까 싶지만 걸어 보면 대교가 맞다는 걸 알 수 있다. 바람 쌩쌩 부는 겨울 날 그 대교에 잘못 들어섰다가는 두고두고 후회한다. 너무 길다. 자동차를 타고 휙휙 지나치면 수십 년 두고도 알 수 없다.

경향신문 사장을 끝내고 한국체육대학 스포츠 언론정보대학원에 강의를 나갈 때였다. 문득 한 생각이 들었다.

'여름 날 강가에 지는 석양을 바라보며 걸으면 참 좋겠다.'

집에서 학교까지 29킬로미터. 한 시간에 4킬로미터쯤이면 7시간이고 중간에 먹고 쉬는 시간 한 시간 정도 잡으면 8시간이면 되겠구나 했다. 강의 시작은 7시. 11시 조금 못 미쳐서 길 나서면 충분할 듯 했다. 조금 늦게 출발했다. 11시를 10분쯤 넘겼다. 정확하게 시간당 평균 4.5킬로미터이므로 차질은 없는 편이었다.

백사실 계곡을 넘어 부암동을 거쳐 청와대 앞을 지나 동아일보 앞 청계천 입구에 닿았다. 1시간 40분. 생각보다 조금 더 걸렸지만 더 빠르게 걷지는 않았다. 제법 긴 길인데 서둘러서 좋을 건 없다. 동대문 근처에서 큰 길로 올라왔다. 생각해보니 밥 먹을 데가 마땅치 않을 것 같았다. 간단하게 볶음밥을 먹었다. 물까지 마시고 나니 40분여가 소요되었다. 다시 걸음을 옮겼다.

난 걸을 때 잘 안 쉬는 편이다. 보통 2시간 걸으면 좀 힘들다. 쉬어 갈 시간이나 그때 쉬면 피로도가 조금씩 일찍 오기 때문에 계속 걷는다. 쉬는 시간 없이 4~5시간을 쭉 걷지만 대신 빨리 걷지는 않는다. 걸으면서 다리를 털거나 몸을 이리저리 뒤집으면서 쉰다. 걷는 게 운동이면서 휴식이다.

그렇게 계속 가다 보면 힘든 게 없어진다. 2시간에 2시간을 더해 4시간까지는 그럭저럭 할 만하다. 내가 특이체질이어서가 아니다. 다른 사람들도 힘들 때 쉬지 않고 걸으면 어느 선까지는 피로가 풀린다. 쉬기 때문에 더 힘든 것이다.

이건 조금 다른 이야기지만 운동은 언제 운동이 되느냐는 물음에 관한 답이다. 운동 선수들은 운동을 할 때 특별히 숫자를 세거나 하지 않는다. 예를 들면 우리 보통 사람들은 처음부터 팔굽혀펴기 숫자를 세면서 몇 회 하느냐, 일어났다 앉았다 하는 운동을 얼마나 하느냐며 말싸움들을 하지만 운동을 업으로 하는 선수들은 기본적으로 그걸 모른다. 그들이 생각하는 운동은 이렇다.

팔굽혀펴기를 한다고 치자. 그러면 일단 시작한 후 100회고 200회고 한다. 한참 하다 보면 힘들 때가 있고 더 이상 하기 싫을 때가 있다. 운동 선수들이 말하는 운동은 바로 그때부터이다. 힘들 때 비로소 진짜 운동을 시작하고 그때부터 하는 운동이 몸에 도움이 된다는 논리다. 힘들지 않으면 운동이 아니고 힘들다고 그만두면 운동은 안 한 거라는 소리인데 참으로 명쾌하다. 한마디로 준비운동은 운동이 아니다.

걷는 것도 다를 바 없다. 이건 그냥 내 생각이지만 의사들이 말하는 30분은 결코 치료용이 못된다. 몸 상태에 따라 다르지만 보통의 건강한 사람이라면 30분은 산책용에 불과하다. 운동이라고 생각한다면 30분에 30분을 더 더해야 한다. 30분은 워밍업용이다. 몸을 풀고 땀이 조금 맺힐 만해서 이제 시동을 걸려고 하는데 그만두는 격. 운동은 제로이다. 몸 풀기 30분, 그 다음의 31분부터가 비로소 운동의 영역이다.

조금 쌀쌀한 날도 한 시간을 그렇게 걷고 나면 땀이 배어 나온다. 걸을 땐 땀이 나지 않아도 끝나고 앉아서 쉴 때쯤 땀이 나온다. 걷기를 신체 질병 예방의 운동으로 시작한다면 의사 등 전문가들이 말하는 '일주일에 3번, 한 번에

30분'은 뛰어 넘어야 한다. 매일같이 한 시간은 한다는 각오로 임해야 하고 무조건 시작부터 해야 한다. 계획은 아무 의미 없다. 중요한 것은 오직 실천이다.

중랑천에 이르자 편안해졌다. 눈앞에 펼쳐진 풍광이 우선 시원했다. 탁 트인 것이 오밀조밀한 청계천 길과는 느낌이 달랐다. 이제 얼마 가지 않아서 한강에 이르겠지 했으나 아니었다. 살곶이 다리를 지나 왼쪽 편 길에 이르는 데도 꽤 시간이 걸렸고 한강 본류까지 한참 갔다. 생각보다 멀었다.

그렇게 만난 한강은 멋졌다. 도도히 흐르는 강물부터 예사롭지 않았다. 한동안 바라봐야 강 저쪽이 눈에 들어왔다. 성수대교를 지나고 영동대교를 지나고 청담대교를 지나 잠실대교에 이르렀다. 어느새 해는 서쪽 편에 도착해 있었다. 강물을 타고 흐르는 은은함, 마음이 차분하게 가라앉았다. 서러운 듯하지만 서럽지 않고 고요한 듯하지만 고요하지 않은 해질녘은 언제나 사람을 편안하게 한다. 강물에 내려앉은 저녁나절의 그 말할 수 없는 분위기와 색은 눈물 같은 걸 맺히게도 하는 것 같았다.

ㅇ

벗을 찾아가듯 걷다

잠실대교를 조금 지나 시간을 보니 6시를 넘기고 있었다. 길은 먼데 해는 지고 있었다. 그래도 올림픽대교까지 갈까 하다가 큰길로 올라가는 길을 잘 몰라 발길을 돌렸다. 강변길을 빠져나가는 시간만 해도 꽤 걸렸다.

택시비가 거의 만 원이나 나왔다. 보통 2만 원 조금 더 나오는데 하루 종일 만 원어치 밖에 못 걸었다는 것이 못내 아쉬웠다. 29킬로미터면 도착할 수 있는 시간인데….

계산은 그럭저럭 맞았다. 그러나 자동차 길과 사람 다니는 길의 다른 점을 놓친 게 문제였다. 29킬로미터는 내부순환도로-강변북로-올림픽대교로 이어진 자동차 길의 거리였다. 세검정-효자동-광화문-청계천-중랑천-강변북로로 이어진 사람 길은 그보다 더 멀었다. 32킬로미터는 잡아야 했다.

다시 날을 잡았다.

아침 밥 먹고 9시쯤 출발했다. 코스는 같았다. 조금 지루한 감이 있었지만 아는 길을 가는 친밀함이 있었다. 강의 40분 전쯤 여유 있게 도착했다. 첫 길과 두 번째의 그 길에서 군자삼락(君子三樂)의 의미를 몸으로 알게 되었다.

공자는 논어 첫 구절에서 군자삼락을 논했다.

> 학이시습지(學而時習之)불역열호(不亦說乎)
>
> 유붕자원방래(有朋自遠方來)불역낙호(不亦樂乎)
>
> 인부지이불온(人不知而不慍)불역군자호(不亦君子乎)

> 배우고 때로 익히니 그 아니 기쁜가.
>
> 먼 곳에서 벗이 찾아오니 그 아니 즐거운가.
>
> 남이 나를 알아주지 않아도 성내지 않으니 그 또한 군자가 아닌가.

'배우고 때로 익히니'도 쉬면서 깨달았지만 두 번째 먼

곳에서 벗이 찾아오니 그 아니 즐거운가의 뜻을 확실하게 되새겼다.

전화도 없고 차도 없었던 그 옛날엔 멀리 사는 친구가 보고 싶으면 몇 시간씩 걸어 갈 수밖에 없었으리라. 그게 1년에 한 번일 수도 있고 몇 년에 한 번일 수도 있다. 오래 못 본 친구를 찾아 나서기란 말처럼 쉽지 않았을 터.

그리운 얼굴, 뜻하지 않게 만나니 어찌 아니 즐겁겠는가. 잠깐 보고 돌아서기도 아쉽지만 돌아갈 길이 머니 1박 2일은 당연한 일. 술잔 기울이며 세상 이야기, 살아가는 이야기, 글 이야기 하다 보면 밤을 꼬박 새워도 모자랄 판. 자칫 길이라도 어긋나면 하루 이틀 기다려야 할 수도 있는데 이렇게 얼굴 마주보고 있으니 그 감흥이야말로 말해 무엇하겠는가.

시공이 하나인 지금 세상에서 보면 '먼 곳에서 찾아온 벗'이 아무렇지도 않을 수 있지만 걷는 것이 공간을 좁히는 유일한 방법일 때라면 이야기는 썩 달라진다. 하긴 집집마다 전화가 있지 않았던 우리 젊었을 때만 해도 친구 집에 갔다가 못 만나고 그냥 돌아선 적이 꽤 있었다.

한강은 이리저리 많이 돌았다. 특별히 작정한 것은 아니다. 걷다 보니 이 다리도 건너고 저 다리도 건넜다. 날이 좋아서 걸었고 일이 있어서 걸었고 걷고 싶어서 걷고 일 없어서 걸었다. 띄엄띄엄이긴 하지만 강화대교에서 시작된 한강 걷기는 양평 두물머리까지 이어졌다.

○

환향녀의 슬픔이 깃든 홍제천

4년여 전 화창한 봄날이었다. 날이 너무 좋았다. 하루 종일 걸어도 좋을 날이었다. 뒷짐 지고 어슬렁어슬렁 걸으며 꽃 보고 풀 보고 하늘 보고 나무 보면서 봄을 즐기는 상춘 완보의 날이었다.

길에 올랐다. 세검정 삼거리 앞에서 장사익씨를 만났다. 뛰자는 차림이었다. 체력이 있어야 무대에 설 수 있기에 장사익씨는 빼먹지 않고 달리기를 한다.

"뛰려고요."

"달려야 돼. 그런데 어디 가시려고."

"강화에 가 볼까 하고."

"걸어갈 폼인데."

"그럴까 싶죠."

"아, 좋지."

꼭 강화대교까지 갈 생각은 아니었다. 무의식 속에 있다가 툭 튀어 나왔다. 말 나온 김에 가 볼까. 일단 한강까지는 나가 보자. 세검정 정자에서 홍제천을 따라 성산대교에 이르는 길은 찻길로 11킬로미터. 강 길을 그대로 따라가기 때문에 사람 길이라고 더 멀지는 않다. 천천히 가도 3시간여.

홍제천은 환향녀(還鄕女)의 슬픔을 간직하고 있다.

병자호란 후 청나라에 끌려갔다 온 조선의 여자들이 몸을 씻었던 곳. 2년여 만에 고향이라고 돌아왔지만 몸 뺏기고 마음 잃어 만신창이가 된 그녀들을 사람들은 수군거리며 냉대했다. 한두 명이 아니었기에 문제가 커졌다. 조정은 문제 해결을 한답시고 조칙을 내렸다.

'홍제천 맑은 물에 속옷 차림으로 몸을 씻으면 없었던 일로 한다.'

환향녀들은 줄지어 몸을 씻었지만 인식은 달라지지 않았다. 특히 뭘 좀 안다는 양반들이 가관이었다. 자기들이 저질러놓고 말도 안 되는 말을 마구 내뱉었다.

'충신은 두 임금을 섬기지 않고 열녀는 두 지아비를 섬

기지 않는다.'

결국 그녀들은 두 번 죽었다. 중인 이하의 자녀들은 가족들이 받아주어 그런대로 적응했지만 양반가의 여자들은 끝내 발붙이지 못하고 고향을 등졌다. 걷고 또 걸어서 그 먼 심양까지 다시 갔다. 슬픈 여인들. 그녀들의 아픔이 누구 때문인데. 대가리 잘못 만나면 그때나 이제나 국민들은 만신창이가 된다. '화냥년'은 그러기에 결코 화냥년이 아니다.

450여 년 전의 그 물은 이미 오래 전 흘러갔고 순간의 시름도 금방 씻겼다. 날은 시간이 갈수록 더 좋아지고 있었다. 살살거리는 바람을 맞으며 봄빛, 신록의 환대 속에 걷는 그 길, 그 시간은 축복이었다. 힘이 전혀 들지 않았다. 어느새 성산대교 북단에 닿았다. 물이 합쳐지는 곳에 팔뚝만 한 잉어들이 한가롭게 노닐고 있었다. 싱그러운 풍경이었다. 녹색 물이 막 든 풀과 나무들이 춤을 추고 있었다.

조금 더 가보자. 강화 쪽으로 발길을 옮겼다. 가양대교를 지나 방화대교쯤의 강변 포장마차에서 국수 한 그릇을 했다.

한강 걷기는 편하다. 입은 옷, 신은 운동화 외에는 챙길 필요 없다. 중간 중간 편의점이 있고 수돗물이 있다. 카드

한 장만 있으면 만사오케이다. 하루 종일 걸으면서 두 세끼 먹어봤자 만 원 내외다. 직접 끓여 먹는 라면이나 햇반은 정말 대단한 발명품이다.

행주대교에서 오른쪽 길은 대충 끝난다. 철조망이 쳐져 있기도 하지만 임진강을 향해 파주로 가는 길이다. 강을 따라 남파되는 간첩이 없어진 지 오래지만 아직도 길을 막고 있다. 그건 강화 쪽도 마찬가지이다. 김포를 넘어가면 강 옆길로는 갈 수 없다. 찻길로 해서 가야 한다. 수년 전 교동도 들어가는 다리가 생겼다. 그 방향으로 갈 수 있으면 강 길이 완성된다. 한강 하구 쪽 생태나 풍광이 그대로인건 그래도 철조망 덕분이다.

길 끊긴 행주대교. 반대편으로 넘어갔다. 넓직한 풀밭이 펼쳐져 있다. 탁 트인 풍경이다. 아라뱃길 선착장을 끼고 돈 후 뚝방 길에 들어섰다. 멀리 일산대교가 눈에 들어왔다. 하루의 걷기가 끝났다. 30킬로미터가 조금 넘었을 것 같다. 강화 땅을 밟으려면 또 30킬로미터이니 한 박자 쉬고 이튿날 나머지를 걸었다.

이틀 걸어간 60여 킬로미터를 버스 타고 돌아오면 허무한 생각이 들기도 한다. 기껏 몇천 원 들여서 한 시간 반이면 시작한 지점에 돌아올 수 있으니까. 그러나 '헛일'을 한

20여 시간은 내 삶의 소중한 자양분이다. 걷지 않고선 절대 볼 수 없고, 걷지 않으면 절대 느낄 수 없는 많은 감정들이 몸과 머릿속 어딘가에 차곡차곡 쌓여있다.

홍제천 길은 이래저래 많이 걸었다. 책 내느라고 서교동 쪽 출판사 갈 때 이 길을 지나 3시간 이상 걸었고 회사에서 집에 올 때도 자주 다녔다. 경향신문을 마치고 2년여 쉬다가 헤럴드경제 코리아헤럴드에 들어갔다. 처음 들어갈 땐 정동에 위치했는데 2년여 후 용산 미군부대 근처로 옮겼다. 용산고등학교가 바로 앞에 보이는 한적한 곳이었다.

이 동네에 들어서면 30여 년 전의 옛날 기운을 느낄 수 있다. 광화문에서 불과 2킬로미터의 거리인데도 세월이 멈춰있다. 용산이 대대로 외국 군대가 주둔한 곳이었고 남산 바로 밑이라는 위치 때문이었다. 남산을 끼고 있어 개발이 금지되었다. 미군부대를 바라보는 곳의 주택은 3층이 고작이었다. 뭔가를 할 수 없는 시골마을 같은 곳이어서 골목골목이 운치 있다. 회사에 있으면서 그 골목들을 많이도 걸어 다녔다. 숙대 앞 사거리에서 미군부대를 끼고 오면 번잡하지만 반대편 도로에서 두어 발짝만 더 들어가면 편안한 느낌의 좁은 길들이 거미줄처럼 얽혀있다.

물가도 싸다. 후암동 시장에 가면 없는 게 없다. 고만고

만한 가게들이 닥지닥지 붙어있다. 광화문보다 모든 물가가 20퍼센트 이상 싸다. 광화문 쪽 분식집에서 3,500원하는 라면을 이 동네에선 2,000원에 먹을 수도 있다. 비싸봤자 2,500원이다.

○

같은 길을 네 번 가보라

회사의 이사로 걷는 시간이 늘어났다. 후배들은 이제 멀어서 걸어 다니기 힘들겠다고 걱정했다. 하지만 내게는 아니었다. 그들은 '회사가 이사한 탓'이라고 했지만 난 '회사가 이사한 덕분'에 30분을 이익 봤다고 했다. 광화문에서 남대문 시장을 지나 남산 성곽을 바라보며 후암동 내리막길을 걸으면 딱 30분이다. 덕분에 남대문 시장을 심심찮게 돌아다녔다.

또 한 가지는 새로운 루트가 생긴 것이었다. 어느 여름날 금요일, 6시 반쯤 간단하게 요기를 한 후 회사를 나섰다. 용산 사거리, 용산우체국을 지나 50분쯤 걸으면 원효

대교 밑에 도착한다. 강변길을 따라 걷다가 성산대교에서 오른쪽 홍제천 길로 돌아서서 세검정까지 가는 길이다. 이 코스의 좋은 점은 밤이라도 전혀 문제없고 카드 하나만 있으면 성산대교 쪽 편의점이나 큰길가의 음식점 어디에서든 먹을 게 해결된다는 점이다.

같은 길이라도 강에 바로 붙어가는 길의 느낌 다르고 안쪽 길의 느낌이 다르다. 금요일 저녁에 걷는 건 시간에 쫓기지 않아서다. 딱히 도착해야 할 시간이 있는 것도 아니고 다음 날 쉬어도 되므로 한껏 여유를 부릴 수 있다.

대략 5시간쯤 걸렸던 것 같다. 기록을 해놨어야 하는데 잘 안 하는 편이라 정확하진 않다. 7시쯤 출발해서 중간에 뭘 좀 먹으면서 쉬고 하면 12시쯤 집에 도착했다. 여름날이라 땀이 좀 흐르지만 땀 흘린 만큼 상쾌하고 그렇게 5시간을 걷고 나면 아무것도 아님에도 마치 큰일을 한 것 같은 뿌듯함이 있다.

내가 생각해도 어이없이 단순하지만 걸을 때마다 기분이 좋다. 더러는 양화대교쯤에서 올라와 홍대앞을 지나 경의선 기찻길 공원을 돌다가 서대문구청 쪽에서 다시 천변으로 내려서고 불광천으로 한 번 더 비틀었다가 응암동 쪽으로 올라온다. 불광천을 경유하면 자정이 한참 지나야 집에 도착한다. 한강 길은 그렇게 쪼개가며 걸었다.

잠수교에서 잠실야구장은 프로야구 한국시리즈를 보기 위해 걸었다. 목적지가 있으면 일석이조여서 좋다. 광화문에서 갈 땐 청계천-중랑천-한강으로 가지만 용산에선 해방촌을 넘어 이태원 옆길을 따라 잠수교를 건너면 금방이다. 무척 먼 것 같지만 4시간이 채 안 걸린다.

잠실에서 덕소까지는 아는 사람을 만나기 위해 6월쯤 갔다. 새벽 일찍 집을 나서 버스를 타고 잠실 근처에서 내려 그 길로 쭉 덕소까지 걸었다. 점심 약속이어서 아침 6시쯤 나왔는데 버스로 1시간, 걷기로 5시간이어서 여유있게 만났다. 부부 모임이었다. 집사람은 차를 타고 왔고 덕분에 집에 갈 때는 편안하게 갔다.

덕소는 세검정에서 북악터널을 넘어가도 멀지 않다. 25킬로미터 정도라서 걸을 만하다. 그러나 가는 길이 마땅찮다. 찻길은 좋은데 찻길 때문에 사람 길이 거의 사라졌다. 언젠가 걸어가다가 신내 쯤에서 돌아선 적이 있다. 덕소에서 두물머리는 마음먹고 걸었다. 그 길을 따라 계속 가는 것이 목표인데 언제 할지 계획이 없다.

길은 많다. 대한민국이 좁다고…, 모르고 하는 말이다. 굉장히 넓고 아름다운 길이 수없이 많다. 가는 길은 모두 아름답다. 사계절 모습을 바꾸니 같은 길을 네 번 가도 지루하지 않다. 죽을 때까지 걸어도 우리 땅 반의반도 못 걷는다.

봉화에서 울진으로 넘어가는 불영계곡이나 경북 영양의 숨겨진 길이나 영월 내리계곡 길은 풍광 자체만으로는 산티아고보다 좋다. 승부역 길, 영월의 김삿갓 길과 동강 서강길이나 주천강 길, 평창 조각공원길, 진부령 길은 그냥 사유의 길이다. 해운대 기찻길 옆 바닷길, 울산 정자 길, 경주 감포 길, 영덕의 50킬로미터 블루로드, 강진 바닷가 내리막길, 삼척 바닷가 숲길, 강릉 해안 길은 눈을 위한 길이다.

굳이 상계사 십리벚길, 광안리 벚꽃 길을 찾지 않아도 된다. 아무길이나 길에 올라서면 길은 길을 낳고 길은 어디나 아름답다. 시골 길이 운치는 있지만 도시의 길은 역사와 문화가 있어서 또 좋다.

지나온 이 길들을 다시 찾아도 새로운 느낌이겠지만 다시 찾을 생각은 하지 않는다. 내 생활 속에 들어온 길은 그대로 걷지만 우리가 가는 길은 그 어디라도 봄의 화려함이 있고 여름의 달콤함이 있고 가을의 낭만이 있고 겨울의 황량한 아름다움이 있기 때문이다.

길이 문제가 아니다. 걸을 것인가, 걷지 않을 것인가가 중요하다. 걷지 않는 사람에겐 길이 아무리 황홀해도 의미가 없다. 걷는 사람에겐 어떤 길이라도 좋은 길이다. 몸에는 튼튼함을 주어 많은 질병을 예방하고, 있는 병을 낫게 한다. 마음에는 명상의 공간을 만들어 정신을 튼튼하게 한다.

'기적은 하늘을 날거나 바다를 걷는 것이 아니라 땅에서 걸어 다니는 것이다.'

젊었을 땐 귀담아 듣지 않는 중국 속담이다. 그러나 나이가 들면 알게 된다. 걸을 수 없고 걷지 못하면 곧 죽는다. 길은 많고 그 길이 다 기적의 길이고 생각의 길이다.

#3

야구로 배우는 인생

ㅇ

프로야구계의 3김 이야기

현명한 새는 나무를 가려 앉는다. 바로 양금택목(良禽擇木)이다. 감독 중 가장 훌륭한 감독은 용장, 지장, 덕장 등이 아니다. 이러니저러니 해도 승장이다. 강한 자가 이긴 것이 아니고 이긴 자가 강하기 때문이다. 그리고 승장의 첫 번째 덕목은 자기와 잘 맞는 팀, 우승 가능성이 높은 팀을 맡는 것이다.

그렇다면 한 시대를 풍미했던 김응용, 김성근, 김인식 세 김 감독은 모두 현명하지 못했던 것일까. 어렵게 찾아온 기회를 놓치기 싫어서 우선 잡고 본 것인가.

한국시리즈 우승 경력 1~3위인 그들의 마지막 승부처

는 공교롭게도 모두 한화이글스였다. 그리고 한화는 그들이 머물렀던 그 기간 10년 연속 가을야구에 초대받지 못하는 굴욕을 겪었으며 그로 인해 세 김 감독은 30여 년 손때 묻은 유니폼을 차례로 벗었다.

그들은 대한민국 프로야구계의 대표 주자였다. 우승 경력뿐 아니라 스타일 면에서도 늘 비교 대상이었다. 때로는 한솥밥을 먹으면서, 때로는 반대 진영에서 으르렁거리면서….

김응용과 김인식은 타이거스 시절 감독과 코치로 4년여를 함께 보냈고 국가대표팀에서도 손발을 맞추었다. 비교적 궁합이 맞는 편. 타이거스 시절 김응용 감독은 더러 코치들을 험하게 대하기도 했으나 김인식 코치에겐 그러지 않았다.

김응용과 김성근 역시 타이거스에서 1, 2군 감독으로 함께 보낸 적이 있다. 교류를 많이 하는 자리는 아니었다. 두 사람은 주로 승부처에서 많이 만났다.

김성근과 김인식은 같은 팀에 있었던 적은 없다. 국가대표팀에서도 만난 적이 없다. 앞서거니 뒤서거니 팀을 맡기는 했다. 베어스는 김성근 감독이 먼저 맡았고 없어진 쌍방울은 김인식이 먼저 감독직을 맡았다. 마지막 나무였던 한화이글스는 김인식, 김응용, 김성근 순이었다.

세 감독의 스타일은 사뭇 다르다. 일본 막부시절 일화에 나오는 오다 노부나가. 도요토미 히데요시, 도쿠가와 이에야스와 곧잘 비교된다.

김응용감독은 '새가 울지 않으면 죽인다'는 오다 노부나가와 닮았다.

김성근감독은 '새가 울지 않으면 울게 한다'는 도요토미 히데요시와 비슷하다.

김인식감독은 '새가 울지 않으면 울 때까지 기다린다'는 도쿠가와 이에야스와 비견된다.

그러나 이 일화는 정확하지 않다. 느낌상 대충 그렇다는 것이고 도쿠가와 이에야스가 최후의 승자여서 인구에 회자되는 것일 뿐 딱 잘라서 정의할 수는 없다.

김응용 감독이 그렇게 보인 것은 선수를 내칠 때 인정사정 두지 않는 까닭이다. 김 감독은 에이스급이었다 해도 기량이 떨어지면 바로 후선으로 밀어냈다. 타이거스 시절 김일권, 이순철, 김무종을 과감히 아웃시켰다. 김일권 자리는 이순철에게 주었고 이순철을 밀어낸 자리엔 김창희를 넣었다. 김무종 자리는 장채근에게 넘겼다. 대체적인 반응은 아직 쓸 만한데 '너무 한다'였다. 감독에게 찍혀서 그렇다고들 수군거렸지만 결과적으론 적시에 부드럽게 선수 교체를 한 것이었다.

그런 용병술 덕분에 스타 선수가 다 빠진 상태에서 무명의 고졸 출신 선수만으로도 정상에 올랐으며 김 감독은 한국시리즈 우승 9회의 전공을 세울 수 있었다. 삼성에서 재능을 아꼈던 김기태를 밀어낸 것으로 선수단의 군기를 잡았고 삼성의 한 맺힌 한국시리즈 우승을 이뤄냈다.

김성근 감독은 새를 울게 하는 지략가. 팀 체질을 원하는 대로 바꾸는 능력을 지녔다. 인천 연고의 태평양 돌핀스와 전북 연고의 쌍방울 레이더스는 만년 약체였다. 김성근은 포스트시즌 참가가 막막했던 이들 두 팀을 플레이오프까지 올리는 전과를 기록했다.

1989년 김 감독이 맡은 태평양은 평균 60점의 하위팀. 김 감독은 철저하게 관리하며 그들을 조련했다. 경기 초 이미 마지막 결과까지 예측하며 공 하나, 방망이 하나에 사인을 냈다. 감독 혼자 북 치고 장구 쳤다. 선수들은 그저 태엽 감는 대로 움직이는 로봇이었다. 중요한 것은 그것 역시 대단한 능력이라는 점이다. 야구를 모르고 자기 선수를 모르고 상대를 모르고 데이터를 모르면 불가능한 일이다. 김 감독은 그 모든 걸 머릿속에 넣고 처음부터 끝까지 주판을 튕겼다.

그의 지시를 받은 선수들 중 상당수는 경기가 끝난 후 그를 신처럼 떠받들었다. 감독의 예측이 그대로 들어맞았고 덕분에 플레이오프전에 나갔으니 따르지 않을 수 없었다. 소위 '김성근 사단'이 생긴 이유이다. 돌아다닌 팀이 많아지고 세월이 흐르면서 김성근을 추종하는 '신자'가 늘어난 것이지만 썩 뛰어난 재목은 아니었다. 구단으로선 피하고 싶은 상황이었고 헤어질 때 늘 문제가 된 부분 중 하나이다.

쌍방울은 시즌 3위의 성적이 거의 불가능한 팀이었다. 기본적으로 인재가 없었다. 그러나 김 감독은 96년 팀을 맡자마자 2년 연속 3위로 끌어 올렸으며 팀 사상 처음으로 플레이오프전을 치르기도 했다. 쌍방울 역시 60점대의 팀이었다. 감독의 수준으로 끌어올리기가 만만찮았다. 창의력, 그런 건 애초부터 없었다. 철저한 관리 야구이고 계산된 야구였다. 4번 타자라도 필요하면 번트를 해야 했고 선발이라도 여차하면 바꿔치웠다. 프로가 아니라 아마추어였지만 일단 팀이 치고 올라가자 모든 불평불만이 다 묻혀 버렸다.

그러나 김성근의 문제는 80점 이상의 팀이나 선수를 만났을 때 드러났다. 자신의 그릇보다 큰 그릇을 만나면 힘을 못 쓴다. 91년의 삼성이 대표적이다. 한국시리즈 우승이 없었던 삼성은 김 감독이 해달라는 건 뭐든지 다 해줬다. 아침에 요구하면 저녁에 해결하는 식이었다. 김 감독이 '너무 잘해줘서 무섭다'고 할 정도였다. 우승을 위해 필요한 조치를 다 취했는데도 우승하지 못하면 옷을 벗는 수밖에 없음을 그는 눈치 채고 있었다. 선수들도 국가대표급이었다.

실력대로라면 김성근은 한국시리즈에 진출하거나 한 번은 우승을 해야 했다. 그러나 포스트시즌 참가가 고작이었다. 한 번은 플레이오프전, 한 번은 준플레이오프전에서 나가 떨어졌다. 삼성 정도의 실력이면 어떤 감독이든 그 정도는 할 수 있었다. 김 감독은 재평가되었고 그로부터 근 10년간 감독직을 맡지 못했다.

김인식 감독은 기본적으로 기다림의 야구다.

신뢰와 기다림은 정확한 분석이 있어야 가능하다. 선수가 엉망이고 팀의 손발이 맞지 않는데도 그저 기다리다간 낭패 보기 십상이다. 선수의 가능성, 훈련 태도, 몸 상태를 체크하면서 커 올 때까지 참는 것이다.

95년, 꼴찌팀을 일약 우승으로 이끌며 명장의 대열에 오른 비결이 기다림이었다. 당시 베이스 선수들의 수준은 대략 80점 선. 하기에 따라 4강은 충분했다. 그 전해 바닥을 긴 것은 잦은 선수 교체 때문이었다.

김인식은 선수 한 명 한 명을 체크했다. 결론을 낸 후엔 잘할 때까지 기회를 주었다. 전임 감독이 한 번 못하면 빼는 것과는 반대였다. 일단 믿으면 기용하고 기용하면 의심하지 않았다. 들쭉날쭉 하느라 정신을 차리지 못했던 선수들이 경기를 거듭할수록 안정을 찾았다. 그리곤 묵혀두었던 실력을 드러내기 시작했다.

전해와 크게 다르지 않은 선수들로 한국시리즈에서 우승했다. 믿음이 우승의 원동력이었다. 굳이 감독의 눈치를 보지 않는 창의력의 야구도 믿음에서 시작되고 끊임없는 투지도 안정된 상황에서 발휘된다.

문제가 있다면 선수가 일정 수준에 도달하지 못할 경우 기다림의 시간이 길어진다는 것이고 숨 가쁜 승부의 세계에선 그것이 결코 미덕만은 아니라는 사실이다. 승장이 되려면 이 방법 저 방법 다 쓸 줄 알아야 한다. 더 이상 효용가치가 없으면 베어야 하고 꾀를 부리면 달래야 하고 잠재력이 보이면 기다려야 한다. 선수를 보는 눈이 좋아야 명

감독이 된다. 경기는 경기장에서 벌어지지만 경기장에 들어오기 전부터 모든 준비를 마쳐야 하고 그것이 감독의 몫이다.

o

웬만하면 내버려둔다

야구는 노는 시간이 많다. 공수 교대가 있고 공격 순서가 있다. 투수는 한 개의 공으로 한 명의 타자를 처리하기도 하지만 10개 이상의 공을 뿌려야 할 때도 있다. '노는 시간'은 생각할 수 있는 시간이고 감독이 끼어들 여지가 많다. 더러 관중석에서 감독 못지않은 작전을 내놓을 수 있는 게 야구고 그래서 '누가 야구를 하는가'라는 물음이 나온다.

김인식 감독은 '야구는 선수가 한다'는 쪽. 감독이 경기장에서 할 수 있는 일은 고작 10퍼센트라고 말한다. 그 10퍼센트가 성적을 크게 좌우하긴 하지만 그래서 경기장에선 작전을 많이 내지 않는다. 선수의 능력을 파악한 터여서 선수에게 일임한다.

김응용 감독도 세세하지 않다. 웬만하면 내버려 둔다. 선수 개개인에게 지시를 내리지 않고 작전도 그리 많지 않다. 승부처라고 보면 작전을 걸지만 경기의 80퍼센트 이상을 선수들에게 맡긴다. 다만 일이 잘 풀리지 않을 때면 엉뚱하게 화를 내거나 해서 분위기를 반전시킨다.

김성근 감독은 손안에 경기를 넣고 주물럭거린다. 훈련은 훈련이고 실전은 실전이다. 자기 선수들의 능력과 상대의 실력을 머릿속 컴퓨터에 넣고 계산한 후 확률이 높은 쪽으로 사인을 내거나 작전을 건다. 3할의 왼손 타자라도 왼손 투수가 나오면 교체한다. 설사 쓸 수 있는 오른손 타자의 타율이 훨씬 못 미치는 2할이라고 해도 변함없다.

김응용과 김인식은 경기의 흐름을 주시하지만 김성근은 경기를 끌고 가고자 한다. 결과는 반반일 때도 있고 아닐 때도 있다. 팀의 실력에 따라 차이가 난다. 보통 이상의 선수는 감으로 나가는 게 좋고 보통 이하의 선수는 확률이 낫다.

프로는 보통 이상의 선수들이다. 애쓴 보람이 없을 때가 더 많다.

○

권리 앞에서는 양보 없이

김응용은 감독권만은 무슨 일이 있어도 양보하지 않는다. 78년 이탈리아 야구 선수권 대회. 30대의 젊은 감독이었던 김응용은 강한 야구를 지향했다. 무사1루든 뭐든 강공일변도였다. 조금 처지는 실력임을 감안하면 선취 득점을 위해 번트 등 기습 작전을 펼 만한데 통 그러질 않았다.

미련곰탱이였다. 보다 못한 선수단장이 사인을 내려 보냈다. 당시엔 흔히 있는 일이었다. 선두주자가 출루하자 바로 번트를 지시했다. 뒤통수에서 날아든 사인을 본 김응용은 단장이 원하는 대로 번트를 지시했다. 번트 성공으로 1사2루의 찬스를 맞이했지만 득점은 올리지 못했다. 한 방이면 됐지만 다음 타자도 번트, 그 다음 타자도 번트였다.

단장은 좌불안석이었지만 참았다. 그런데 다음 회 공격 때도 계속 번트였다. 무사에서도 번트, 2사에서도 번트니 점수를 못내는 건 당연했다. 번트로 왜 아까운 아웃카운트만 날리느냐는 것이 김응용의 생각이었다. 기겁을 한 단장은 할 수 없이 지시를 내렸다. 알아서 하라는 사인이었다. 감독권을 되찾은 김응용은 비로소 정상적인 경기를 펼쳤다. 한국팀은 동메달을 차지했고 김응용의 카리스마는 그때부터 형성되었다.

김응용은 구단과 비교적 잘 지내는 편이다. 원하는 게 있어도 구단이 곤란하다고 하면 더 이상 말을 하지 않는다. 필요한 선수를 요구하지만 구단 사정이 여의치 않으면 바로 포기한다. 그러나 일단 경기에 들어가면 그 누구의 간섭도 받아들이지 않는다. 김응용에게 감독은 언제나 김응용뿐이다.

김성근도 감독권에 대해선 이견이 없다. 김성근은 감독권뿐 아니라 프런트 일까지 넘보는 게 문제다. 물론 좋은 성적을 위해 요구하는 것이지만 제대로 받아들여지지 않으면 여러 가지 방법을 동원하여 원하는 바를 얻으려고 한다. 팀을 떠날 때마다 마찰음이 생기는 이유이다.

김인식도 감독의 고유 권한에 대해선 양보가 없다. 다만 그는 그것이 감독의 권한이라고 하더라도 이야기를 듣고 옳다고 생각하면 건의를 받아들일 준비까지는 한다. 막무가내는 아니지만 잘 받지는 않는다. 태도가 유연할 뿐이지 결과는 같다.

o

선수와 살아가는 법

김응용은 냉탕온탕 전략이다. 김성근은 끊임없이 공부시키며 몰아간다. 김인식은 잘하도록 분위기를 만들어준다. 선수들에게 누구와 함께 야구를 하고 싶으냐고 물으면 첫 번째가 김인식이다. 반면에 구단에게 물으면 김응용이다. 물론 한창 때의 김응용이다. 김성근은 호불호가 갈린다.

한대화와 3김.

한대화도 한화의 감독 중 한 명이다. 김인식과 김응용 사이에서 한화를 이끌었다. 한화의 10년 연속 포스트시즌 탈락의 기록에는 한대화의 감독 임기도 들어있다. 그건 나중 이야기이고 86년엔 떠돌이였다.

82년 세계선수권대회 일본과의 결승전 2 대 2 동점 상황에서 3점 홈런을 터뜨려 대한민국에 우승을 안긴 주역이었으나 당시 연고팀인 베어스에 입단한 후엔 이렇다 할 성적을 내지 못했다. 입단 첫해인 83년에는 88경기에 나서 85안타 5홈런을 기록했다. 데뷔 첫 경기에서 3점 홈런을 날린 걸 감안하면 기대에 못 미치는 성적이었다. 그나마 그해는 잘한 편이었다.

84년 74경기 45안타 1홈런, 85년 38경기 12안타 2홈런이었다. 84년은 베어스 코치로 있던 김성근이 감독으로 승격한 해였다. 김 감독은 한대화의 자질을 인정하고 있었다. 잘만 키우면 확실한 주전이었다. 이미 국가대표로 명성을 날린 터여서 기대를 걸었다. 한대화의 태도가 불량해 많이 다그치기도 했지만 나아지지 않았다. 훈련에 임하는 자세가 되지 않았고 툭하면 아프다며 열외를 하려고 했다. 시키는 대로 조금만 더 열심히 하면 팀의 기둥이지만 그 기회를 스스로 차버렸으니 주워 담을 수 없었다. 85시즌이 끝나자 김 감독은 더 이상 크기 어렵다며 눈 밖에 난 한대화를 해태로 넘겨버렸다.

한대화는 억울했다. 간염으로 정상 컨디션이 아니고 훈련보다는 실전 체질인데 감독은 자기 스타일대로 밀어붙이기만 하니 답답했다. 사정을 이야기해도 감독은 그러니까 더 열심히 하라는 이야기밖에 하지 않았다.

해태는 정말 싫었다. 폭군 김응용이 버티고 있는 곳 아닌가. 김성근 보다 몇 배는 더 독한 사람, 야구를 그만 두자고까지 마음먹었다. 새로운 고향팀 신생 빙그레로 보내달라고 떼를 쓰기도 했다. 버티다가 임의 탈퇴 선수로 공시되었다. 프로 1호였다.

김응용은 한대화를 원했다. 충분한 재목이었다. 멀리선 왜 부진한지 이유를 알 수 없었다. 때마침 코치로 영입한 김인식을 중재자로 넣었다. 한대화는 김인식의 동국대 제자였다. 해태로 가는 길에 한대화를 만났다.

"김응용 감독이 널 원한다. 김 감독은 소문과는 달리 꽤 괜찮은 사람이다. 그리고 규정상 넌 해태가 아니면 선수 생활을 할 수 없다. 같이 가자."

김응용 감독이 자기를 원한다는 건 금시초문이었다. 하지만 달리 방법도 없었다. 속는 셈 치고 일단 가기로 했다. 여차하면 튈 생각이었다.

"잘해 보자. 훈련량은 알아서 하고."

의외로 나긋나긋했다. 김 감독은 한대화의 몸 상태나 체질을 이미 꿰뚫고 있었다. 잘하기 위해 훈련하는 것인데 훈련 안 해도 잘하면 뼈 빠지게 훈련할 필요 없다는 생각이었다.

적당한 운동으로 컨디션 조절에 성공한 한대화는 이적 첫해 103경기에 나서 102안타 14홈런을 쏘아 올렸다. 베어스 시절 3년간 8홈런에 비할 바가 아니었다. 무엇보다 결정적인 찬스에서 한 방씩을 터트려 '해결사'의 이미지를 되살렸다. 해태에서의 8년이 한대화의 전성기였다. 해태의 한국시리즈 우승 9회 중 6회에 참전하여 큰 공을 세웠다.

선수와 감독 간에도 궁합이 있다. 서로 추구하는 야구가 맞지 않으면 엇나가게 된다. 김응용과 김인식은 선수 스타일에 맞춰가는 편이지만 김성근은 자기 스타일에 선수를 맞춰야 직성이 풀리는 스타일이다. 김성근과 한대화는 돌고 돌아 97년 쌍방울에서 다시 만났다. 선수로서의 황혼에 접어들었지만 한대화는 그해를 끝으로 선수 시절을 마감했다. 명성에 비해 쓸쓸한 은퇴였다.

○

반항아를 길들이는 법

임창용은 반항아 기질이 있다. 스타급 반열에 오른 뒤에도 그랬지만 프로 첫해엔 더했다. 광주 진흥고를 졸업한 임창용을 김응용 감독은 흐뭇한 미소로 맞이했다. 언드핸드의 147킬로미터는 좀처럼 치기 힘든 공이었다.

김 감독은 선발감으로 키울 생각이었다. 고졸 첫해임에도 마운드에 자주 올렸다. 그러나 기대치 이하였다. 구위로 보면 결코 그럴 수 없었다. 코치들에게 임창용을 자세히 살피도록 했다.

이유가 있었다. 야구는 좋아하지만 고삐 풀린 망나니였다. 야구는 대충 하고 훈련이 끝나면 친구들과 어울려 술을 마셨다. 훈련이 부실하니 마운드에서 터질 수밖에 없었다. 1승도 못올린 채 14게임 2패였다. 특별훈련이 필요했다. 정신부터 잡아야 했다. 2군행을 지시했다.

김성근 2군 감독 역시 그의 재능을 간파했다. 죽이든 살리든 마음대로 하라는 것이 김응용 감독의 부탁이었다.

하나하나 가르쳐 나갔다. 잘하면 최소 10년은 우려먹을 수 있겠다 싶었다. 하지만 그놈의 농땡이가 문제였다. 단단히 손을 보지 않으면 무용지물이 될 수도 있었다. 잔뜩 벼르고 있던 차에 또 임창용이 사라졌다. 3일 후 임창용이 나타났다.

"당장 짐 싸라. 너 같은 놈은 이제 필요 없어. 유니폼 벗고 마음대로 놀아."

야단 한 번 호되게 맞을 각오는 되어 있었지만 야구를 그만 둘 수는 없었다. 임창용은 매달렸다. 감독의 방문을 두드렸다. 대답이 없었다. 분명 들어가는 걸 봤는데 인기척이 없었다. 방문 앞에서 빌고 또 빌었다.

"다음부터 절대 빠지지 않겠습니다. 모든 걸 다 끊고 야구만 하겠습니다."

한 시간, 두 시간이 지났지만 감독은 여전히 무응답이었다. 그래도 끈질기게 버텼다. 그러길 3시간여. 마침내 문이

열렸다.

"이번이 마지막이다. 또 허튼 짓하면 용서 없다"

야구에 전념했다. 아무리 노는 것이 좋아도 야구만 하겠는가. 노력한 댓가는 금방 돌아왔다. 96년 중간계투로 7승, 97년 14승 26세이브, 98년 8승 34세이브. 두 김 감독의 합동 작전으로 야생마가 준마가 되었다. 임창용은 수년의 세월이 흐른 후 삼성에서 김응용 감독을 다시 만난다. 한 차례 항명 소동을 일으켰지만 김응용 감독은 한마디만 하고 더 이상 문제 삼지 않았다.

○

때로는 뚝심으로 밀어부쳐라

2000년 시드니올림픽. 김응용은 감독, 김인식은 코치였다. 생각지도 않았던 호주전 패배로 팀 분위기가 말이 아니었다. 자칫 메달을 따지 못할 수도 있었다. 1승 후 3연패였다. 게다가 선수들의 카지노 출입 사건까지 터졌다.

올림픽 선수단은 난리였다. 선수들을 징계하자고 했다. 김응용은 못 들은 척 했다. 잘못을 했지만 프로선수들을 대회 중에 징계할 건 아니었다. 그러다가 메달 탈락 직전 기사회생했다. 일본을 누르고 4강전에 올랐지만 미국에 져 다시 일본과 동메달 결정전을 벌여야 했다.

일본 선발은 괴물투수 마스자카. 한국 선발 예정자는 일본 킬러 구대성. 문제는 구대성이었다. 최후의 승부처고 그가 최고 적임자인데 담이 걸려 공 던지기가 힘들다고 했다. 밀어붙이느냐 마느냐였다. 김응용은 특별 트레이너까지 붙이며 밀어붙였다. 김인식도 밀어붙이자고 했다. 김인식이 구대성에게 물었다.

"던져 봐라."

"던지라면 던지겠지만…."

"그럼 니가 선발이다."

두 사람의 뚝심에 진 구대성은 마운드에 올랐다. 던질 수 있는 상태는 아니었지만 최선을 다했다. 공을 조금씩 던지면서 몸이 풀렸다. 1, 2회보다 3, 4회가 나았고 5회부턴 거의 정상 컨디션이 되었다. 두 김 감독의 눈은 정확했고 뚝심은 맞아 떨어졌다. 구대성은 54개의 공을 던지며 완투승과 동메달을 건져 올렸다.

○

야구 선수에게 요구할 건 야구뿐

대구 출신의 양준혁은 삼성에 입단하기 위해 기꺼이 재수까지 한 선수다. 투수 김태한을 먼저 잡기 위한 것이고 뒷거래가 있었지만 1년 후 삼성에 입단, 프랜차이즈 스타로 성장했다. 양준혁의 타격 후 방망이는 춤사위를 능가했지만 그 특이한 자세로도 해마다 3할 타율을 유지했다. 그러나 우승에 목말랐던 삼성은 투수의 필요성을 절감했고, 99년에 해태로부터 임창용을 데려오면서 양준혁을 해태로 보냈다.

임창용은 좋다고 짐을 쌌지만 양준혁은 해외 진출까지 입에 올리며 트레이드를 정면으로 거부했다. 며칠 소동을 벌인 후 결국 해태행을 받아들였지만 삭막한 도축장에 끌려가는 기분은 여전했다. 그렇게 괘씸한 태도를 보였지만 김응용은 양준혁을 '따뜻하게' 맞이했다.

"넌 우리 팀에 꼭 필요한 선수야. 한 번 해 보자. 한 1년 해 보고 그래도 싫으면 다른 팀에 보내주지."

김응용의 태도는 의외였다. 야단맞을 각오까지 했는데 필요한 선수라는 그 한마디를 듣자 모든 불만이 사라졌다. 힘을 낸 양준혁은 그해 131경기에 출전해 160안타 32홈런을 치며 3할2푼3리의 타율을 기록했다. 김 감독은 약속대로 그를 놓아주었고 그는 LG로 향했다.

양준혁이 김 감독을 다시 만난 건 2002년이었다. 양준혁은 2001년 말 FA자격을 얻었다. 먼저 소속팀 LG와 협상을 했으나 가격이 맞지 않았다. 높은 몸값 때문에 다들 망설였다. 친정팀 삼성도 거부 의사를 확실히 밝혔다. 돈도 돈이지만 그의 선수협 활동을 좋지 않게 보고 있었다. 자칫 낭인이 될 처지에 놓인 양준혁을 붙잡아준 사람이 김응용이었다. 19년 해태를 떠나 삼성으로 둥지를 옮겼던 김 감독은 한국시리즈 우승을 원한다면 양준혁을 데려와야 한다고 강하게 주장했다.

양준혁과 김 감독은 그해 사상 처음으로 삼성의 한국시

리즈 우승을 만들었다. 야구 선수에게 요구할 건 야구밖에 없다는 것이 김 감독의 지론이다.

o

사람의 가치를 알아보는 법

김성근은 투수 조련사이다. 투수 출신이니 당연하다. 무승 투수를 10승 투수로 만드는 게 그에겐 그리 힘든 일이 아니었다. 아무도 눈여겨보지 않는 투수라도 그가 된다고 판단하며 키운 선수는 대부분 그렇게 되었다.

김 감독을 통해 다시 태어나기 위해선 그가 가하는 혹독한 채찍질을 받을 각오가 되어 있어야 한다. 승리에 굶주린 무명 투수들은 엄청난 고통을 달게 받아들였다.

이광길은 2루수다. 그가 김 감독을 만난 건 89년 태평양 돌핀스 때였다. 프로 5년 만에 삼미, 롯데, 빙그레 등 3개 팀을 거쳤다. 빙그레에선 3년간 제법 활약을 했지만 삼미와 롯데는 1년씩이었다. 반드시 필요한 선수는 아니었고 버릴 정도로 형편없지도 않았다. 먹자니 먹을 게 없고 버리자니 아까운 계륵이었다. 팀의 트레이드 사정상 묻어 다녔다.

네 번째 팀 태평양. 그것 역시도 그가 필요해서 이루어진 트레이드는 아니었다. 큰 희망 없는 떠돌이, 그만 접어야겠다고 마음먹었다. 그러나 김성근 감독과 한차례 면담을 한 후 접어야겠다는 그 마음을 접었다.

김 감독은 이광길이 가지고 있는 가치를 알았다. 우선 성실했다. 어떤 훈련도 다 받아들였다. 야구에 대한 센스도 있었다. 어느 한 가지 특별한 것이 없어서 그렇지 종합해서 성적을 내면 주전으로 충분히 쓸 수 있었다.

야구 감독들이 일반적으로 좋아하는 선수는 꾸준한 선수이다. 7~8개월의 긴 레이스를 펼치자면 기복 없이 열심히 하는 선수가 몇 명은 꼭 있어야 한다. 스타급은 스타급대로 필요하지만 기본이 되는 선수가 없으면 팀 꾸리기가 만만찮기 때문이다.

이광길은 김 감독이 딱 좋아하는 스타일이었다. 모처럼 감독의 신뢰를 받은 이광길은 훈련에 빠져들었다. 어차피 그만둘 각오였다. 마지막으로 무섭게 한 번 해 보고 안 되면 그때 접어도 그만이었다. 이광길은 김 감독을 통해 야구를 다시 배웠다. 그냥 던지고 받고 치는 단순한 야구가 아니었다. 생각하는 야구, 한 수 앞을 내다볼 줄 아는 수준 있는 야구였다. 김 감독의 한마디 한마디가 그대로 무기가 되었다. 이광길은 그해 시즌 내내 주전으로 뛰었다. 그리곤 올스타전에 출전했다.

"차원이 다릅니다. 우리가 2차원이라면 5차원 정도죠. 1회에 이미 9회를 내다보는 혜안이 있습니다. 오직 야구만 생각하는 진정한 야구인입니다."

김성근의 신도가 된 이광길은 은퇴 후에도 코치로서 계속 김 감독을 보좌했고 김 감독이 SK에서 나올 때 함께 그만두자 했으나 김 감독의 만류로 일단 주저앉았다.

ㅇ

전력투구만이 최고는 아니다

"류현진은 바보다. 대투수가 되려면 아직 멀었어."

데뷔 첫해인 2006년, 류현진이 7회에 5실점하자 김인식은 공개적으로 쓴소리를 했다. 김 감독의 성격을 감안하면 지극히 이례적이었다.

신인 류현진은 거침없는 공으로 개막 1개월여 만에 5승을 달성했다. 다승 1위의 성적이고 어쨌든 이겼으니 그토록 독하게 말할 것까지는 없었다. 김 감독은 평소 선수들이 실수를 하거나 부진하면 따로 불러 조용히 이야기한다. 그들의 자존심을 지켜주기 위해서이다.

기아전 6회까지 1실점으로 호투하며 9 대 1 상황을 연출했던 류현진이 7회 갑자기 흔들렸다. 볼넷 4개에 안타 2개, 폭투 2개로 단숨에 5실점했다. 김인식의 '바보' 발언은 여유 있는 경기에서 볼넷과 폭투를 남발했기에 나온 것이었다.

"8점 차니까 너무 잘 던지려고 할 필요 없지. 슬슬 맞혀 잡으면 되는 거야. 볼넷이나 폭투는 혼자 다하려다가 나오는 거야. 수비수들을 믿으면 되고 계투 요원도 잔뜩 있는데 왜 혼자 헛힘을 쓰냐고."

의도된 발언이었다. 야구는 9명이 하고 전력투구만이 최고가 아니라는 점을 일깨워주기 위한 것이었다. 그래서 볼넷을 내주고 폭투를 하고 또 연속 볼넷을 해도 내버려두었다. 실전에서 익혀야 할 마인트 컨트롤이고 그런 고비를 넘겨야 대물투수가 될 수 있어서이다. 굳이 공개적으로 '망신'을 준 건 가만히 이야기했다간 빨리 못 깨칠 수도 있고 류현진의 유들유들한 성격이면 그 정도에 주눅 들지 않을 것임을 알고 있어서였다.

한화에는 지금도 김인식 감독 지휘 하에 이루어진 '류현진 포획 작전'이 전설처럼 회자되고 있다. 드래프트 순서대로라면 류현진은 우선 SK 차례였다. 2차 지명으로 가면 롯데가 가장 먼저였다. 유원상을 먼저 뽑은 한화는 구단 사이를 돌아다니면서 '우리 팀은 무조건 타자'라며 너스레를 떨었다.

류현진이 탐은 나지만 고교시절 팔꿈치 수술이 꺼림칙했던 SK는 일단 박경완을 이을 포수감인 이재원을 지명했다. 2차 1순위인 롯데는 고민하다가 나승현을 뽑았다. 타자라고 공언하고 다녔던 한화는 순서가 돌아오자 잽싸게 류현진을 지명했다. SK와 롯데는 뒤늦게 속았다는 걸 눈치 챘지만 버스는 이미 떠나 간 뒤였다.

김인식 감독도 그의 팔꿈치 수술을 알고 있었다. 그러나 '재활공장 공장장'이라는 별명처럼 그의 회복을 자신했고 첫눈에 반한 이 고졸 신인을 과감히 선발마운드에 올렸다. 그리고 '왜 바보인지'를 알게 된 류현진은 김 감독으로부터 마운드에서의 투구 요령, 경기에 임하는 마음 자세들을 전수받으며 그해 신인왕과 MVP를 동시에 차지했다. 류현진의 새로운 18승을 등에 업고 한화는 한국시리즈에 진출했다. 그들의 끈끈한 정은 김인식 감독의 류현진 주례로까지 이어졌다.

○

3김은 어떻게 사람을 쓰는가

프로야구 감독의 용병술과 전술은 획일적이지 않다. 여건과 상황에 따라 그때그때 달라진다. 나름의 원칙이야 있지만 고체는 아니다. 아군이 강하면 밀어붙이지만 약하면 우회 전략을 써야 한다.

김응용 감독은 보기보다 유연하다. 김인식 감독은 당연히 유연하다. 김성근 감독은 원칙을 우선한다. 김응용, 김인식은 숲을 보고 김성근은 나무를 본다. 상대적으로 그렇다는 것이지 꼭 그대로는 아니다. 김응용 감독의 용병술은 '역설 용병법'이다. 기를 죽여서 기를 세우고 침묵으로 칭찬을 대신하다. 강할 땐 엄살을 피우고 약하면 큰소리를 친다.

김응용의 오묘한 카리스마

김봉연, 김성한이 득세하고 있던 해태 초년 시절이었다. 천하의 김동엽 감독마저 뿌리를 내리지 못할 정도였다. 꺾지 않으면 꺾인다고 판단한 김응용은 중심 타선을 뒤흔들었다. 첫 고비를 넘지 못하면 길게 갈 수 없었다. 신인 양승호를 4번에 배치했다. 한 달 정도 말아먹어도 그만이고 한 시즌 날리면 그만이라는 생각까지 했다. 설마 하며 상황을 지켜보던 '김포'들은 '비정상 포진'이 계속되자 항복했다. 달라진 그들을 보며 김 감독은 비상계엄령을 해제했다. 근한 달여 만이었다. 선수단을 완전히 장악한 김 감독은 해태를 의도한 대로 끌고 갔다.

삼성에서의 첫 일성은 '선수가 없다'였다. 인터뷰 때마다 그 말을 달고 살았다. 최고 타자 이승엽을 비롯해 그야말로 막강 전력임에도 아랑곳하지 않았다. 한 술 더 떠 이승엽은 쓸 만하지만 홈런에 영양가가 없다고 비아냥거리듯 말했다. 임창용은 결정적일 때 한 방씩 얻어터진다고 했다. 무엇보다 아픈 선수들이 너무 많다며 부상자들은 모두 제외하겠다 했다. 한마디 더 덧붙였다.

"주전은 없다. 이름으로 야구 하는 건 아니다."

신임 감독의 엉터리 같은 엄포는 효과가 있었다. 부상 선수가 사라졌다. 병원 간다고 늦게 나오는 선수도 없었다. 알아서 움직이니 더 이상 말을 하지 않아도 됐다. 스타급 선수들을 너무 함부로 대하는 감독을 보며 적잖이 걱정했던 구단 프런트는 김응용의 오묘한 카리스마에 압도, 일사분란하게 그를 지원했다.

무명의 신인들에겐 반대의 전략을 쓴다. 고졸 신인 김상진은 좋은 선수였다. 장래가 확실했다. 그러나 담력이 약했다. 김 감독은 김상진을 마운드에 올려놓고 못 본 척 했다. 안타를 맞고 볼넷을 내주고 점수를 마구 주어도 딴청만 했다. 내릴 때가 지났음에도 내리지 않는 김응용. 감독을 연신 쳐다보던 김상진은 그만 포기하고 말았다. 감독이 망신을 주려고 일부러 이런다고 생각했다. 체념과 함께 화가 일었다. 입에서 욕지거리가 터져 나올 판이었다.

'그래, 실컷 얻어터지자. 마구 점수를 내주는 것으로 복수하자.'

'될 대로 되라'고 막 던지자 공이 좋아졌다. 원하는 곳으로 공이 들어가고 속도도 빨라졌다. 타자들이 맥없이 물러

났다. 덕 아웃의 김응용은 지켜보고 있었다. 재목은 좋은 데 여린 김상진에겐 투구술보다는 마음의 담금질이 우선이었다. 자신감 상실-애원-체념-분노는 새가슴이 강심장으로 가는 심리적 코스. 말로 타이르는 것보다 실전에서 무너지는 것이 훨씬 빠르고 확실했다. 최소 몇 게임 버려야 하지만 하나를 버려 열 개를 얻을 수 있는 비법이다.

좋은 선수보다는 필요한 선수. 삼성은 좋은 선수가 차고 넘쳤다. 이름만 보면 국가대표급이었다. 한국시리즈 우승을 위해 괜찮다 싶으면 앞뒤 재지 않고 쓸어 담았다. 다른 팀으로 가면 주전인데 삼성에선 벤치에 앉아있는 경우도 허다했다. 김 감독의 '선수가 없다'는 말에는 그 뜻도 포함되어 있었다.

1루수는 호화판이었다. 이승엽, 양준혁에 마해영까지. 포지션을 바꾸지 않는 한 에이스 2명은 늘 놀아야 한다. 2루수, 외야수도 넘치긴 마찬가지였다. 많으면서 모자라는 '풍요 속에 빈곤'이고 모자라는 것보다 못한 과유불급(過猶不及)이었다.

넘치는 선수를 빼고 필요한 곳에 박을 1명의 선수가 필요했다. SK의 외국인 유격수 브리또가 표적이었다. 브리또는 타율 3할2푼9리에 홈런 37개의 세련된 수비수였지만 코칭 스탭과 호흡이 맞지 않았다. 생각대로 안 되면 출전을 거부하기도 한 '아픈 어금니'였다.

2-6의 트레이드. 숫자도 숫자지만 삼성에서 건너가는 선수들의 면모가 화려했다. 김태한, 김상진, 김용훈, 김동수, 정경배, 김기태 등으로 모두 한 가닥 했던 에이스급이었다. 수십 억의 돈까지 쏟아부은 선수들이었다.

분명 손해 보는 장사였지만 김 감독은 흡족해 했다. 좋은 선수들이긴 하지만 삼성에선 없어도 그만인 과유불급 형이었다. 결국 구조조정까지 겸한 이 트레이드의 결과로 삼성은 그해 한 맺힌 한국시리즈 우승을 차지했다.

김성근의 치밀한 관리 야구

김성근 감독의 용병술은 치밀함에 있다. 철저하게 계산하고 그 계산에 들어온 선수로만 팀을 구성한다. 흔히 말하는 장기판이다. 장기판의 말들은 스스로 움직이지 않는다. 각 말은 나름의 능력을 지니고 있다. 차는 길이 멀든 아니든 직진이 가능하고 포는 건너뛰고 졸을 한 걸음씩, 마는 짧게 상은 조금 더 길게 날아다니지만 그 말을 움직이는 건 장기를 두는 사람이다.

김성근 감독은 그 말들의 능력을 늘 꿰뚫고 있다가 적재적소에 배치하고 출격 명령을 내린다. 차가 건너뛸 수 없듯이 감독의 지시 없이 함부로 뛰다간 가차없다.

"야구는 단체 경기이다. 개인이 중요하지만 혼자서 할 수 있는 것은 없다. 투수는 아무리 잘 던져도 이길 수 없다. 기껏 무승부일 뿐이다. 타자가 점수를 내줘야 승장이 된다. 기습 지시를 내리면 기습 명령이 내려갈 때까지 기다려야 한다. 공격을 위해 매복 중인데 혼자 판단해서 갑자기 튀어나가면 매복은 실패고 그 싸움은 끝이다. 번트를 지시했는데 공이 좋다고 치면 안 된다. 운 좋게 홈런을 쳤다 해도 그 한 번이다. 길어지면 결국 다 망한다."

논리정연하다. 코치들이 그의 수족이 아니 될 수 없고 선수들이 따르지 않을 수 없다. 능력은 있지만 '게으름'을 피운 한대화를 내보낸 이유이다.

김현욱은 그리 대단한 투수는 아니었다. 93년 한양대를 졸업하고 삼성에 입단했다. 컨트롤은 그런대로 괜찮았지만 타자를 윽박지를 확실한 주무기가 없었다. 공 스피드도 평범했다. 93년 6게임에 나섰지만 승리를 올리지 못했다. 수많은 평범한 선수중의 한 명이었던 그는 이후 2년간 2군에서 보냈고 신고 선수로까지 전락했다. 가치가 크지 않다는 평가 속에 96년 5월 쫓겨나듯 쌍방울로 자리를 옮겼다. 옮겼어도 그가 설 마운드는 없었다. 그러나 그해 말 김성근 감독이 쌍방울을 맡으면서 그의 야구 인생은 180도 달라진다.

김성근은 그의 필생의 스승이었다. 김 감독은 절망 속에서도 열심히 훈련하는 김현욱의 자세를 먼저 눈여겨보았지만 그의 부드러운 허리와 어깨 등을 유심히 관찰했다. 훈련이 거듭될수록 빠르게 향상하는 김현욱을 김성근은 97시즌이 시작되자마자 쉴 새 없이 투입했다.

선봉장격인 차는 아니었다. 쓰임새는 마나 포 정도였다. 김 감독이 본 대로 김현욱은 마치 고무팔 같았다. 좀처럼 피로를 몰랐다. 그래서 선발이 이상하면 바로 김현욱을 박았다. 선취 득점으로 앞서고 있는데 점수라도 내주면 또 김현욱을 넣었다. 1회도 좋고 3회도 좋고 5회도 좋았다. 동점일 때도 나가고 더러는 아슬아슬하게 지고 있는 경기도 나갔다.

모두 혹사라고들 했다. 70경기에 나왔으니 당연한 반응이었다. 그러나 김성근은 선수의 능력을 최대한 감안한 고단계 용병술임을 강조했다. 김현욱은 시즌 20승을 올렸다. 그것도 모두 구원승으로만 했으니 감독과 선수가 짜고 한 것이나 다름없다. 지금은 불가능한 구원 20승, 내용도 좋았다. 20승 2패 6세이브, 방어율 1.88, 승률 9할(0.909)로 투수부문 3관왕(다승, 방어율, 승률)에 올랐다.

김현욱은 김성근식 관리 야구의 백미다. 김성근의 경기는 항상 길다. 선수 교체가 많기 때문이다. 데이터에 근거하여 수시로 선수들을 넣었다 뺐다 하기 때문이다. 한 경기 평균 기용 선수 1위 감독으로 좌타자엔 좌투수, 우타자엔 우투수로 가다가 개인 대 개인의 성적에 따라 선수 기용을 확 바꾸기도 한다.

김인식의 꿰뚫어보는 눈

김인식 감독은 관찰하고 마음으로 다가간다. 관찰은 선수의 몸 상태, 심리 상태 등을 파악하기 위한 것이고 마음은 마음을 움직여 최상의 상태로 끌어올리기 위한 것이다. 의인물용(疑人勿用) 용인물의(用人勿疑). 김인식은 세심하게 선수를 살핀다. 기용할 때까지의 시간은 꽤 긴 편이다. 쓸 것인가, 말 것인가. 쓰면 어디에 쓸 것인가를 놓고 장고에 장고를 거듭한다. 일종의 숙려기간인데 일단 그 기간이 끝나면 못 쳐도, 실책을 해도 내버려 둔다. 잘할 때까지 기다리는 기다림의 야구 신봉자이다.

94년 말 OB두산 베어스 지휘봉을 잡았다. 시즌 막판 폭행과 그로 인한 선수단 집단 이탈 등으로 팀 내부가 뒤숭숭했다. 전력 보강보다는 화합이 먼저였다. 다행히 선수들은 '나쁜 짓'을 함께 하면서 그들끼리의 분위기는 괜찮았다. 전년 7위였지만 선수들을 하나하나 살펴본 후의 결론은 '결코 나쁘지 않다'였다. 그 겨울의 훈련 시즌에서 김인식이 주로 한 일은 선수들의 포지션 찾기였다. 특A는 없어도 준척급은 상당했다. 각 포지션 별로 2~3명의 후보가 있었다. 포지션을 정하고 기용 순위를 정했다. 가능성이 있는 신인들은 따로 훈련을 시키며 세대 교체에 대비했다.

전체의 밑그림을 그린 김인식은 95시즌 주전급을 거의 바꾸지 않았다. 특히 실책을 범하거나 공격이 잠시 나쁘다는 이유로는 절대 교체하지 않았다. 팀은 경기가 계속될수록 발전했고 막판 고빗길에서 아연 힘을 냈다. 4위도 만만찮다는 전문가들의 시즌 전 예상을 비웃으며 페넌트레이스 1위를 차지했다. 막판 1~3위 싸움에서 단결된 힘을 보인 덕분이었다. 한국시리즈 첫 판을 내주고 3승 2패로 몰리는 등 고생했으나 그럴 때마다 인화로 단결된 힘을 발휘해 역전 우승을 차지했다. 운명의 한국시리즈 7차전 7회,

김인식의 밝은 눈이 다시 한 번 진가를 발휘했다.

선발 김상진의 역투로 스코어는 4 대 2. 김상진의 투구는 여전히 씩씩했다. 그러나 김인식은 김상진을 내리고 권명철을 올렸다. 이해할 수 없는 투수 교체였다. 코치진도 의아해 했고 관중석도 술렁거렸다.

"김상진은 약점이 있어. 자기 앞에 오는 타구 처리가 좀 엉성하지. 1루에 폭투할 때가 제법 있었거든."

힘이 남은 김상진은 아쉬운 듯 마운드를 뒤돌아보며 내려갔다. 마지막을 멋지게 장식하고 싶은 마음이 굴뚝같았다. 9회 초 2사 2, 3루. 롯데 선동일이 투수 앞 땅볼을 쳤다. 혹시 하며 우려했던 상황. 꽤 까다로운 공이었으나 권명철은 쉽게 처리했다.

"그때 안 바꿨으면 어떻게 될지 모르는 일이었어. 지금도 그 생각이 문득문득 나곤 해."

심정수는 다듬어지지 않은 다이아몬드였다. 대학을 마다하고 프로행을 선택할 정도로 대가 세다. 근육질의 단단한 몸과 타고난 타격 감각을 지녔다. 그러나 너무 강한 탓인지 쉽게 보석이 되지 못했다. 94년 성적은 32경기 타율 1할6푼2리, 안타 10개였다.

프로 첫 달 1군에 머물렀으나 곧 2군으로 내려갔다. 김인식은 95년 팀을 맡으면서 바로 심정수를 찍었다. 내야수 후보였지만 외야수로 포지션을 바꾸도록 했다. 내야는 이미 기존 선수들로 경쟁이 심했다. 힘이 넘치는 탓인지 송구가 정확하지 않았다. 연습 중에도 1루 악송구가 제법 많았다. 3루수 감은 아니었다. 외야수 전향은 그의 방망이를 살리기 위한 조치였다.

김인식은 10안타 중 3개가 홈런임에 초점을 맞추었다. 체격 조건도 장타자의 그것이었다. 막상 외야에 보냈지만 심정수는 뒤죽박죽이었다. 송구도 아무렇게나 던질 때가 많았고 타격도 정제되지 않았다. 꾹 참았다. 당장 빼고 싶을 때도 있었으나 전지훈련 때 김경원을 상대로 터뜨린 장외홈런을 생각하며 참고 또 참았다. 1개월여가 지나자 수비 실수가 줄어들었다. 방망이도 때맞춰 터졌다.

심정수는 95시즌을 풀타임 1군 선수로 뛰며 116경기 21홈런, 59타점을 기록했다. 9년 후인 2004년 말, 현대를 거치며 FA자격을 얻은 심정수는 60억 원의 최고 대우를 받고 삼성 유니폼을 입었다. 10년 전 심정수의 연봉은 3천 8백만 원이었다.

ㅇ

리더십 전쟁 1_ 김응용과 김성근

두 감독의 승부 백미는 2002년 한국시리즈. 전자업계의 라이벌 삼성과 LG의 수장으로 만났다. 이때의 피 말리는 접전 때문에 라이벌 운운하지만 두 감독은 사실 라이벌 상황을 연출하지는 않았다. 통산 승수 1, 2위, 한국시리즈 우승 횟수 1, 2위 등을 보면 그럴 만도 하지만 포스트시즌의 단기전 결과만 보면 일방적이다.

87년 플레이오프전에선 김응용의 해태가 김성근의 OB를 3승 2패로 눌렀다. 89년 플레이오프전 역시 해태의 김응용이 김성근의 태평양을 3승으로 완파했다. 김응용의 한국시리즈 우승 10회는 2002년 전에 이루어진 것이고 김성근의 한국시리즈 우승은 김응용이 일단 지휘봉을 놓은 다음에 만들어졌다. 함께 뛰긴 했지만 둘의 진검 승부는 늘 엇박자였다.

한국시리즈는 2002년이 처음이자 마지막이었다. 6차전에서 시리즈를 마감하고 가진 기자회견에서 김응용 감독이 말한 내용 덕분에 김성근 감독은 이후 '야신(野神)'으로 불렸다. 하지만 그 말은 또 다른 한마디를 상상하게 하는 묘한 뉘앙스의 말이었다.

"아, 정말 힘들었어요. 김성근 감독이 얼마나 잘하던지. 투수 교체도 딱 해야 할 때 하고 대타도 꼭 낼 선수를 내고. 야구의 신하고 경기하는 줄 알았다니까."

김응용이 고생한 건 맞다. 경기 전 예상은 삼성의 어렵지 않은 우승이었다. 삼성의 한국시리즈 저주가 아무리 강하다 해도 역전의 맹장 김응용이 버티고 있고 페넌트레이스 1위인 선수단 진용 역시 상당한 우위여서 4연승으로 끝낼 수도 있었다. 김성근은 한국시리즈에 도착할 때쯤엔 탈진 상태였다.

김성근의 LG는 턱걸이로 포스트 시즌에 나섰다. 첫 상대는 현대, 이기면 기아였다. 전력상 우위를 점하지 못한 터에 포스트시즌이 끝나면 물러나야 하는 이중고 속에 있었다. 하지만 현대를 2연승으로 보내고 2승 1패로 앞서던 기아마저 마지막에서 2연승하며 제꼈다. 단기전의 피로도는 장기 레이스의 그것보다 훨씬 심하다. 긴장도와 집중도가 장난이 아니다. 평소 레이스의 2배, 3배로 보면 된다. 시리즈 전의 7게임에는 20게임 정도의 정신력이 소모된다.

만신창이의 LG. 예상대로 1차전은 김응용의 승리로 끝났다. 김성근은 2차전 승리로 맞불을 놓았으나 3, 4차전 패배로 벼랑에 몰렸다. 김응용의 매직넘버는 1. 누구나 김응용과 삼성의 승리를 예상했지만 한국시리즈는 바로 그때가 시작이었다. 김성근은 경기 전 특유의 마운드 벌떼 작전을 구상하고 있었다. 연이은 경기에 확실하게 내놓을 투수가 없었다. 1회 2 대 2, 4회 4 대 4의 경기가 후반으로 접어들면서 LG쪽으로 기울었다.

삼성의 실수 속에 8회 8 대 4의 승기를 잡았다. 김성근의 기록지는 난수표처럼 어지러웠다. 한 회면 한 고비는 넘기는 상황에서 삼성이 갑자기 힘을 발휘했다. 옛날의 삼성 같았으면 그대로 주저앉았지만 끝까지 물고 늘어졌다. 9회 3점을 내며 따라붙었다. 그러나 김성근은 적절한 투수교체로 더 이상의 추격을 허용하지 않았다. 1점 차의 신승이었다. 6차전도 LG 분위기였다. 중반까지는 엎치락뒤

치락. 양쪽 믿을 만한 투수 없이 타격전을 전개했다. LG는 8회 초 9 대 5의 스코어를 만들며 역전, 동점, 재역전으로 이어진 경기의 승기를 잡았다.

마무리할 찬스. 김성근은 회심의 승부수를 띄웠다. 한 점만 더 내면 이긴다고 보았다. 1사 1, 2루에서 희생번트 사인을 냈다.

아뿔싸, 신의 뜻인가. 타자가 삼진을 당하면서 더 이상 거리를 넓히지 못했다. 이제 남은 수비는 2번. 김성근은 투수들로 막을 수 있는 점수라며 머릿속에서 그 장면을 지웠다. 그러나 작은 우려가 현실이 되었다.

8회 말 1점을 따라잡은 삼성은 9회 말 이승엽의 3점 홈런, 마해영의 끝내기 홈런으로 힘들었던 시리즈의 종지부를 찍었다. 4승 2패지만 한 게임 한 게임이 애타는 승부였다.

야구의 신, 이름하여 야신을 이긴 김응용. 그러면 김응용을 뭐라고 불러야 할 것인가.

리더십 전쟁 2_김인식과 김응용

김응용과 김인식은 각별한 사이이다. 김응용은 김인식을 프로야구 판으로 이끌었고 국가대표 감독 시절엔 누구보다 먼저 김인식을 찾았다. 가장 지근거리에서 김응용을 보좌한 김인식은 그래서 누구보다 김응용을 잘 안다. 김응용이 불뚝 성질로도 해태를 이끈 뒤에는 김인식이 있었다. 김인식은 김응용의 모난 부분을 소리 없이 메꿨다. 팀 분위기에서뿐 아니라 마운드 운영 면에서 많은 지원을 했다.

김인식은 김응용의 경기 운영 스타일에 관해서도 잘 안다. 기습전보다는 강공 작전을 선호하고 승부처에서는 의도적으로 단순하게 밀어붙인다는 것도 안다. 오랫동안 함께 했기에 머리보다는 느낌으로 먼저 알아챘다.

김응용은 상대적으로 김인식에 대해 잘 모른다. 늘 지원을 받은 편이어서 굳이 김인식을 많이 알 필요도 없었다. 함께 생활했지만 그동안의 상황은 김인식이 김응용의 머릿속을 더듬는 편이었지 김응용이 김인식의 눈치를 보지는 않았다.

김응용의 약점 한 가지는 자신처럼 뚝심으로 밀어붙이는 장수에게 약하다는 것이다. 김영덕, 김성근 등의 지장파들은 그래서 김응용에게 쉽게 당한다. 지략보다는 자기와 같은 뱃심파에 약한 편인데 바로 강병철, 우용득, 김인식 등이 김응용의 약점이다. 지피지기면 백전백승이라고 했지만 2001년의 김인식은 알면서도 당할 수밖에 없는 약졸 군단의 사령탑이었다.

2001년 한국시리즈. 김응용의 삼성군단은 강했다. 시즌 1위로 일찌감치 한국시리즈에 올랐다.

두산은 허약 체질이었다. 3위를 했지만 10승 이상을 작성한 선발투수가 한 명도 없었다. 게다가 한화와의 준플레이오프전, 현대와의 플레이오프전을 치르느라 기진맥진한 상태였다. 두 팀의 전력 차는 꽤 심한 편이었다. 현저하게 기울어진 운동장이었다.

다만 한 가지, 눈에 보이지 않는 요소가 있었다. 전쟁은 꼭 힘으로만 하는 건 아니다. 힘이 전부라면 조조의 백만 대군이 적벽대전에서 촉오의 연합군에게 결코 참패하지 않았을 것이다.

김응용의 담금질로 삼성은 거듭났으나 완전치는 않았다. 우승을 매개체로 한 결사체였지 혈맹까지는 되지 않았다. 여전히 모래알 끼가 남아있었다. 더욱이 한국시리즈에 대한 징크스도 완전히 털어내지 못했다. 삼성은 우세한 힘으로도 여러 차례 패한 전력이 있다. 조금 다른 건 그들에게 징크스를 안긴 주인공이 지휘봉을 잡았다는 점이었고 징크스에 대한 도전 양상이 새로워졌다는 점이었다.

김인식의 두산은 강하지 않았다. 약한 전력으로 한국시리즈 도전권을 따낸 것만도 상을 줘야 할 상황이었다. 그들의 보이지 않는 강점은 마음으로 묶여있다는 것이었다. 물론 우승을 향한 것이긴 하나 우승만이 전부는 아니었다. 어차피 많이 기운 경기니 최선을 다하자는 마음가짐이었다. 그들에겐 묘한 연대감이 있었다. 감독과 선수, 선수와 선수 사이에 흐르는 심리적 연대감 같은 것으로 그들 모두는 경기력이 아니라 마음으로 묶여있었다.

김인식과 김응용의 2001 한국시리즈는 힘과 마음의 싸움이었다. 1차전은 예상대로 삼성이 가져갔다. 1차전 승리는 절반의 성공을 의미한다. 전력이 앞선 팀이 대부분 1차전을 가져갔다.

2차전은 두산이 비 덕을 좀 봤다. 예선전까지 치른 두산에게 하루의 휴식은 하루 그 이상의 꿀맛이었다. 김인식은 내친 김에 3, 4차전까지 쓸었다. 3승 1패였다. 삼성에 어두운 그림자가 내렸다. 또 징크스인가.

김응용은 징크스를 인정하지 않았다. 선수들을 몰아치며 5차전을 준비했다. 삼성의 대승이었다. 이제 코너에 몰린 삼성의 6차전이었다. 1회 먼저 치고 나갔지만 김인식은 끈질겼다. 순리대로 풀어나가며 기어코 8회 말 역전점을 올렸다.

예상을 뒤엎은 대 역전전이었다. 한국시리즈 무패의 김응용은 닮지 않았지만 닮은 후배 김인식에게 첫 패전의 수모를 겪었다. 김인식과 김응용의 한국시리즈 진검 승부도 이 한 번뿐이었다.

그래도 김응용은 명장이었다. 삼성에서의 첫 도전에서 실패했지만 이듬해 기어코 삼성의 한국시리즈 징크스 사슬을 끊고 시리즈 10회 우승의 금자탑을 쌓았다. 김인식의 한국시리즈는 이 해가 마지막이었다.

3김의 야생유전(野生流轉)과 한화

세월은 공평하다. 한 시절을 호령했던 프로야구계의 거장 김응용, 김성근, 김인식에게도 세월은 어김없다. 어느새 장강의 앞 물결이 되었지만 서운할 건 없다. 순리이니까.

김응용의 야구 인생은 참 길었다. 20줄에 이미 감독. 코치를 거치지 않아 감독 나이만 50이다. 한국시리즈 10회 우승은 영원히 깨지지 않을 가능성이 높다. 해태 한 팀에서 18년 있으면서 세운 9회 우승의 기록 역시 깨기 힘들다. 프로야구가 날로 진화하고 세대 교체가 빨리 이루어지기 때문이다. '야구는 언제나 사람을 설레이게 한다'는 김응용. 감독을 거쳐 구단 사장을 하고 야구협회장을 하면서 어린이 야구를 육성하는 등 참 다양한 야구 길을 걷는다.

김성근은 다양하게 야구계를 누볐다. 김성근은 최장 기간 프로야구계에 머문 감독이다. 프로 원년인 82년 코치로 데뷔했지만 2년 후 OB베어스 감독직을 시작하면서 숱한 팀을 다녔다. 그가 감독으로 거친 팀은 태평양 돌핀스, 삼성 라이온즈, 쌍방울 레이더스, LG트윈스, SK 와이번스, 한화 이글스 등 6개 팀. 중간 중간 지휘봉을 놓았지만 야구판을 완전히 떠난 적은 없다. 해태 투수 인스트럭터, 해태 2군 감독, 삼성 2군 감독, LG 2군 감독, 지바 롯데 마린스 팀 타격 코디네이터와 순회 코치, 고양 원더스 감독 등 잠시도 쉬지 않았다.

생소한 직함이 더러 있지만 어떤 역할이든 부르는 곳이 있으면 자리에 얽매이지 않았다. 그만큼 쓰임새가 많다는 증거이겠다. 일찍 시작했지만 만개는 상당히 늦었다. 명감독 반열에 항상 올랐지만 한국시리즈 우승과 인연을 맺은 건 65세의 아주 늦은 나이이다.

직장인들의 은퇴 시기를 훌쩍 넘은 65세에서 70세 사이가 그의 전성기였다. 늦었지만 대기만성이라는 단어로 그의 경력을 논하는 건 실례일 듯하다. '언제나 야구 생각뿐'이라는 집념이 무섭다.

김인식은 두산에서만 한국시리즈 2회 우승을 했다. 감독 입문으로 보면 5년 만이다. 김인식은 그러나 말년에 프로 야구 쪽에서보다는 국가대표 감독으로 더 이름을 날렸다. 대표팀의 전력 약화로 감독 희망자가 없었을 때도 그는 기꺼이 태극마크를 달았다. '국가가 없으면 야구도 없다'는 그의 '위대한 여정'은 성공적이었다. 팀이 약할 때도 김인식은 기대 이상의 성과를 올렸다. 뻔히 알면서 약한 팀의 사령탑에 앉는 것은 무모한 도전이다. 김인식에게 그 도전은 선택이 아니라 권리였고 즐거운 의무였다. 김인식은 힘들어도 피하지 않았다. 그에게 승패는 다음 문제였다. 가야 할 길이기에 갈 뿐이었다. 김인식은 '야구는 언제나 어렵다'면서도 야구를 즐겼다.

3김의 종착역은 한화였다. 쓸쓸한 내리막길이었다. 종착역은 싫든 좋든 늘 아쉬움이 남는다. 김응용과 김성근에게 한화는 보너스였다. 영광된 무대의 막이 내려가 끝난 줄 알았는데 커튼콜에 의해 다시 나온 노배우. 하지만 그 보너스는 독약이었다. 전혀 몰랐던 것은 아니었으나 생각보다 훨씬 쓴 약이었다. 그렇다고 그들의 기록이 묻히지는 않는다. 잘한 건 잘한 거고 못한 건 못한 것일 뿐이다. 그들은 앉을 나무를 잘못 골랐다. 강병철 감독의 말이다.

"동네마다 특유의 기질이 있죠. 충청도 쪽은 늘 반응이 미적지근한 편입니다. 다른 동네는 처음 만나 수틀리면 일단 대듭니다. 약하게 나가면 그걸로 시합은 끝난 겁니다. 강하게 대응하면 이내 수그러들지만 앙앙불락이죠. 두세 번 더 손을 보면 그때 숙이고 들어옵니다. 그런데 이 동네는 대들지도 않지만 속을 주지도 않아요. 순한 듯하지만 그렇다고 따라오지도 않습니다. 그들이 마음을 여는 것은 아주 한참 후고 그동안 속 터지는 겁니다"

그렇다면 한화는 양김의 스타일과 맞지 않는다. 김인식과는 그래도 가장 잘 맞았다. 김인식은 사실 실패하지 않았다. 한화를 우승시키지는 못했지만 한국시리즈로 이끌었고 포스트 시즌에서 나섰다. 한화 선수들이 떠나는 날 김인식에게 큰절을 한 것은 여러 가지 의미가 있다. 하나는 존경의 표시고 다른 하나는 존경하는데 잘 못해서 미안하다는 의미다. 미안하지만 능력이 그러니 그 또한 어쩔 수 없는 일이다.

김응용은 서툴렀다. 오랫동안 현장을 떠나 있어서 감도 떨어졌고 젊은 선수들과의 소통도 쉽지 않았다. 원래 소통파는 아니지만 너무 큰 벽이 그들 사이에 있었다. '해는 지고 길은 멀고'이다. 2년여의 시간에 우승 등을 하자면 삼성처럼 인재가 많은 팀이라야 한다. 인재는 모자라고 시간은 없고 뭔가는 보여줘야 하고 사면초가였다.

김성근은 조급증이었다. 김응용, 김인식을 뛰어넘는 한 방의 찬스로 생각하지는 않았겠지만 빨리 해 보려는 조급증이 있었다. 자신의 틀에 넣으려고 갖은 애를 다 썼지만 단시간에 그들을 좁은 틀 안에 넣을 수 없었다. 손에 잡히지 않는 허상이다 보니 앞뒤 가릴 겨를이 없었다. 무리수가 나올 수밖에 없었다. 무리는 또 다른 무리를 낳았다. 나름대로 전력을 보강한 것 역시 그다지 도움이 되지 않았다. 몰아치다가 역효과를 내고 말았다. 한화는 그들에게 무덤이었던가. 그렇지 않다. 순리고 과정일 뿐이다.

세월. 실패라고 생각할 수 있는 진짜 이유는 세월이다.

세월부대인(歲月不待人)

젊은 시절은 다시 오지 않고

하루에 새벽은 두 번 없으니

때를 놓치지말고 노력할지니

세월은 사람을 기다리지 않는다네.

– 도연명 잡시

쓸모없는 세월은 없다

초판 1쇄 발행 2018년 4월 17일

지은이 이영만
펴낸이 최용범

편집 이우형, 김정주
디자인 신정난
영업 손기주
경영지원 강은선

펴낸곳 페이퍼로드
출판등록 제10-2427호(2002년 8월 7일)
주소 서울시 마포구 연남로3길 72 2층
이메일 book@paperroad.net
홈페이지 http://paperroad.net
블로그 blog.naver.com/paperoad
페이스북 www.facebook.com/paperroadbook
전화 (02)326-0328
팩스 (02)335-0334
ISBN 979-11-88982-02-8(03320)